U0915686

1932年书写在青砖墙上的
《中国苏维埃第一次全国代表大会土地法令草案》
保护修复报告

洛阳古墓博物馆 河南古代壁画馆 鄂豫皖苏区首府革命物馆 编
周辉 杨蕊 主编

陕西新华出版 三秦出版社

图书在版编目（CIP）数据

1932年书写在青砖墙上的《中国苏维埃第一次全国代表大会土地法令草案》保护修复报告 / 洛阳古墓博物馆，河南古代壁画馆，鄂豫皖苏区首府革命博物馆编；周辉，杨蕊主编. — 西安：三秦出版社，2023.12

ISBN 978-7-5518-3084-3

Ⅰ. ①1… Ⅱ. ①洛… ②河… ③鄂… ④周… ⑤杨… Ⅲ. ①革命文物－文物修整－研究报告－中国Ⅳ. ① G264.3

中国国家版本馆CIP数据核字(2023)第254634号

1932年书写在青砖墙上的
《中国苏维埃第一全国代表大会土地法令草案》保护修复报告

洛阳古墓博物馆　河南古代壁画馆　鄂豫皖苏区首府革命博物馆　编
周辉　杨蕊　主编

出版发行　三秦出版社
社　　址　西安市雁塔区曲江新区登高路 1388 号
电　　话（029）81205236
邮政编码　710061
印　　刷　洛阳市森美印刷有限公司
开　　本　880 mm × 1230 mm　1/16
印　　张　12.5
字　　数　96 千字
版　　次　2023 年 12 月第 1 版
印　　次　2023 年 12 月第 1 次印刷
标准书号　ISBN 978-7-5518-3084-3
定　　价　280.00 元

网　　址　http://www.sqcbs.cn

1932 年书写在青砖墙上的

《中国苏维埃第一全国代表大会土地法令草案》保护修复报告 编辑办公室

目录

一　项目概况

1932 年书写在青砖墙上的《中国苏维埃第一次全国代表大会土地法令草案》是迄今为止全国唯一保存完好的书写在青砖白灰墙上的《中国苏维埃第一次全国代表大会土地法令草案》，这是一幅珍贵的革命文物，为国家一级文物，也是河南信阳新县鄂豫皖苏区首府革命博物馆的“镇馆之宝”。

新县位于河南省东南部大别山腹地，鄂豫皖三省接合部，东襟合肥，南视武汉，北达郑州，京九铁路、106 国道、大广高速公路纵贯全境，素有“三省通衢”和“中原南门”之称。

新县位于大别山区，群山环抱，是一个以林为主的山区县。主峰黄毛尖海拔 1011 米。山间有谷地、盆地。小潢河境内长 50 千米。年平均气温 15.1℃，年平均降水量 127.4 毫米，全年无霜期 225 天。

新县是我国最早的红色革命根据地之一，中共中央鄂豫皖军委航空局就在县城内。现在新县有省重点保护的苏区旧址十处。

鄂豫皖苏区首府革命博物馆位于河南省新县城南凤凰山麓，始建于 1984 年，占地面积 19.2 公顷，馆名由原国家主席李先念题写。目前，该馆是全国爱国主义教育示范基地、全国百个红色旅游经典景区、国家一级博物馆、国家 AAAA 级旅游景区、全国人文社会科学普及基地、全国中小学生研学实践教育基地、河南省社会科学普及教育基地、河南省优秀免费开放博物馆（图 1.1）。

图 1.1 鄂豫皖苏区首府革命博物馆

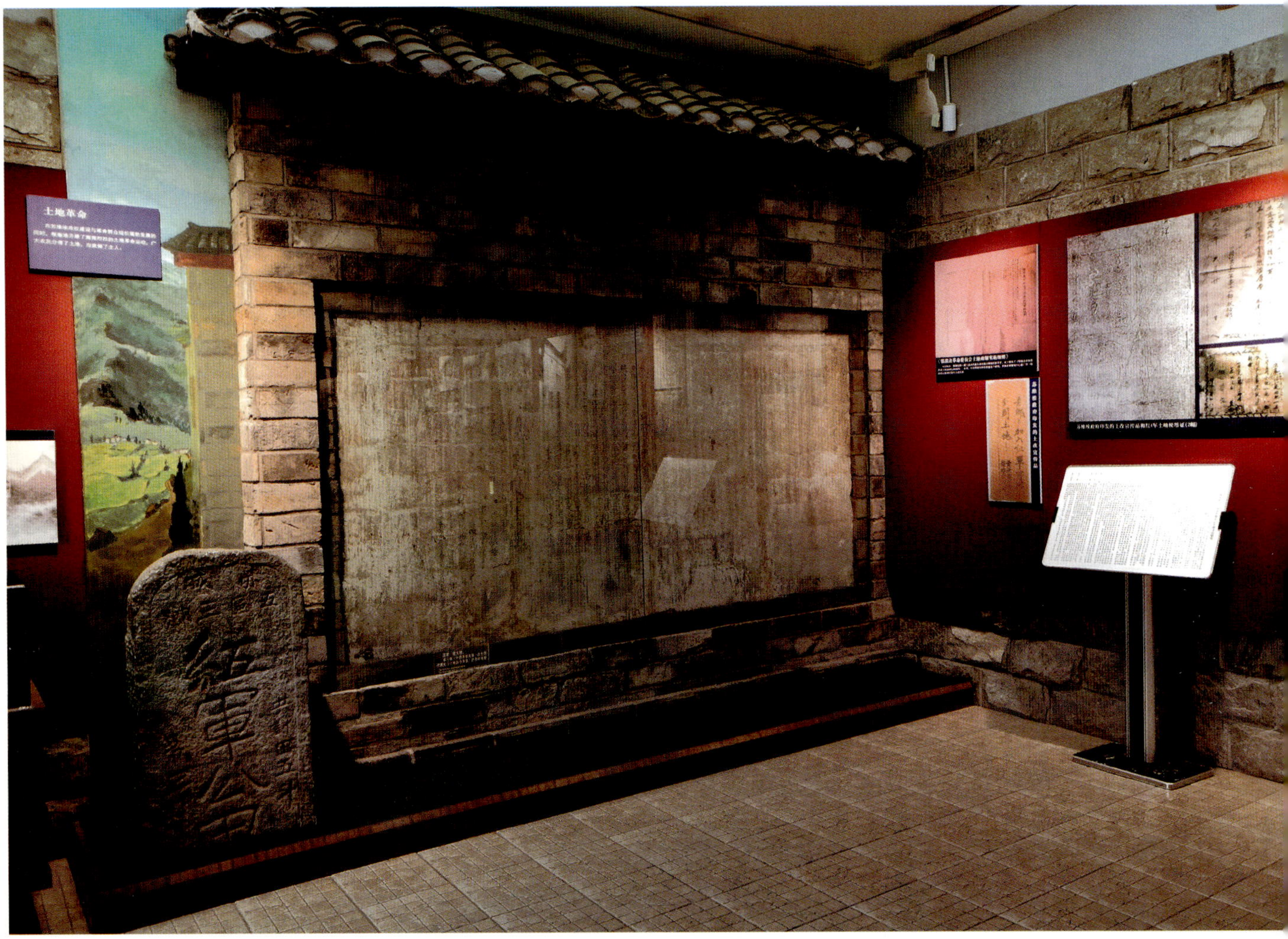

图 1.2 文物原状

图 1.3 文物原址及复原件

《中国苏维埃第一次全国代表大会土地法令草案》，1932 年初传达到鄂豫皖根据地后，由紫云区二乡（现今新县箭厂河方湾村）苏维埃政府主席派秘书方思归将全文书写在方湾的一面青砖墙壁上。

1932 年秋，红军主力转移后，方湾村群众为保护它，用黄泥和稻草将其糊盖。1966 年为对红卫兵进行教育揭开，当时字迹清楚。1978 年新县文管会在墙壁外做了一个柜式保护罩。1979 年公布为新县文物保护单位，据当时记载“因风吹日晒，字迹现已不很清楚”，1982 年记入《新县文物志》。

1991 年，河南省文物局拨专款，并派省古建研究所文物保护专家亲临现场指导，将这块墙壁切割搬迁到新县鄂豫皖苏区首府革命博物馆陈列。1998 年，经国家文物局鉴定为一级文物。

2015 年，1932 年书写在青砖墙上的《中国苏维埃第一次全国代表大会土地法令草案》陈列于该馆主展厅内（图 1.2）。

2016 年新县人民政府将箭厂河乡方湾村青砖墙上的《中国苏维埃第一次全国代表大会土地法令草案》进行了复原，并树立了纪念碑（图 1.3）。

此次文物保护修复项目 2020 年 11 月通过国家文物局立项，2021 年 5 月保护方案通过评审批复，2022 年 7 月—9 月按照方案要求完成文物的修复保护，2023 年 5 月完成结项验收。

二 文物价值评估

按照《中国文物古迹保护准则》总则第五条“保护必须按程序进行。所有程序都应符合相关的法律规定和专业规则，并且广泛征求社会有关方面的意见。其中，对文物古迹价值的评估应当置于首要位置”的要求进行价值评估。

习近平总书记指出，革命文物承载党和人民英勇奋斗的光荣历史，记载中国革命的伟大历程和感人事迹，是党和国家的宝贵财富，是弘扬革命传统和革命文化、加强社会主义精神文明建设、激发爱国热情、振奋民族精神的生动教材。

知所从来，方明所去。1932年书写在青砖墙上的《中国苏维埃第一次全国代表大会土地法令草案》现宽305厘米，高169厘米，厚17.5厘米，主要内容共分十四条。该文物是迄今为止全国唯一保存完好的书写在青砖白灰墙上的《中国苏维埃第一次全国代表大会土地法令草案》，主题鲜明，时代特征明显，是中国革命不平凡历程的历史见证物，对研究中国革命近现代史具有重要的价值。

新县是红军的故乡，将军的摇蓝。第二次国内革命战争时期，这里是黄麻起义的策源地、鄂豫皖苏区首府所在地、坚持大别山红旗不倒的中心地、刘邓大军千里跃进大别山的落脚地，先后诞生了红四方面军、红二十五军、红二十八军等主力红军，培育了许世友、李德生、郑维山等93位叱咤风云的共和国将军和省部级以上领导干部，献出了吴焕先、高敬亭等5.5万优秀儿女的宝贵生命，是全国著名的革命老区和将军县。

该文物原址在箭厂河乡一个红色历史底蕴非常浓厚的村庄——方湾村。箭厂河乡位于新县南部，是鄂豫皖革命根椐地斗争地主要发祥地，是中国革命的摇篮之一，更是新县红色文化资源最多的乡镇。箭厂河革命斗争印证了中国革命的不易。

这部《中国苏维埃第一次全国代表大会土地法令草案》是1931年11月27日召开的中华苏维埃第一次全国代表大会上颁布的。1932年初，传达到鄂豫皖根据地后，紫云区二乡（现今新县箭厂河方湾村）苏维埃政府主席派秘书方思归将全文书写在方湾的一面青砖墙壁上。

1929年12月，细吴家会议颁布了《鄂豫边革命委员会土地政纲实施细则》，紫云区箭厂河一带根据这个《细则》进行土改试点，1930年推广到全根据地。1931年，张国焘来鄂豫皖根据地，声称“鄂豫皖根据地土地改革不彻底”，并强烈推行“地主不分田，富农分坏田”的“左倾”土地政策，硬要重新土改一次，遭到根据地党和红军领导人的坚决反对。

正好在1931年11月27日，中华苏维埃第一次全国代表大会召开，会议通过了《中国苏维埃第一次全国代表大会土地法令（草案）》，在1932年春传达到鄂豫皖根据地中心区箭厂河，苏维埃政府主席请瓦匠在方湾村一面青砖墙上用石灰泥了一块长方形的平面，请秘书方思归将其用墨笔抄写在在墙壁上，进行广泛宣传，以示对张国焘错误土改路线的抵制。农民们看到后，相互传诵，喜上眉梢，认为看到了这面墙壁就看到了希望。这一举措对巩固根据地进行土改成果起到了积极的作用。

1932年秋，红军主力转移后，方湾村群众想方设法保护它，用黄泥和稻草将其糊盖，才得以保存。直到1966年揭开，对红卫兵进行教育，当时字迹清楚。1978年新县文管会在墙壁外做了一个柜式保护罩。1979年公布为新县文物保护单位，据当时记载“因风吹日晒，字迹现已不很清楚”，1982年记入《新县文物志》。

1991年，河南省文物局拨专款，将这块墙壁切割搬迁到新县鄂豫皖苏区首府革命博物馆陈列。1998年，由国家文物专家鉴定为一级文物。

2019年9月16日，在庆祝中华人民共和国成立70周年前夕，习近平赴河南考察调研。他首先来到位于大别山革命老区的信阳市新县。以大别山为中心建立的鄂豫皖苏区，在土地革命时期是仅次于中央苏区的第二大根据地，而位于鄂豫两省交界地带的新县正是鄂豫皖苏区的首府。

从土地革命初期的鄂豫皖革命根据地，到三年游击战争时期的鄂豫皖边游击根据地，再到抗日战争时期的鄂豫皖抗日民主根据地，最后到1947年刘邓大军千里跃进大别山，实现解放战争由战略防御转入战略进攻的伟大转折，大别山的四度辉煌见证了中国革命的不平凡历程。党一心为民，成为人民的主心骨；人民一心向党，成为党的铁靠山，使得鄂豫皖苏区28年红旗不倒、火种不灭。“坚守信念、胸怀全局、团结一心、勇当前锋”的大别山精神，也在这片红色土地上代代相传。

三 保存现状及病害

新县1932年书写在青砖墙上的《中国苏维埃第一次全国代表大会土地法令草案》是中国革命不平凡历程的历史见证物，对研究中国革命近现代史具有重要的价值。由批准的“1932年书写在青砖墙上的《中国苏维埃第一次全国代表大会土地法令草案》”保护修复方案和现场调研可知，随着时间推移，文物表面以及内部结构相应地发生了一系列变化。由于该文物为作于民居青砖白灰墙面上的墨书文字，与壁画制作相类似，因此参照壁画的保护修复方法进行。

3.1 现状调查的目的

1. 了解《土地法令草案》文物的病害类型、分布、面积；

2. 了解《土地法令草案》文物的制作工艺及修复沿革；

3. 为长期、持续研究《土地法令草案》文物的劣化机理储备基础数据。

3.2 现状调查的技术手段

现状调查的方法：按照中华人民共和国文物保护行业标准《古代壁画病害与图示》《古代壁画现状调查规范》的要求，对1932年书写在青砖墙上的《中国苏维埃第一次全国代表大会土地法令草案》保存现状进行了详细的调查，并绘制病害图。

本次1932年书写在青砖墙上的《中国苏维埃第一次全国代表大会土地法令草案》现状调查主要着眼于技术路线明确、调查方法规范、调查技术科学、表达方式标准、调查精度高的总体要求来进行，力求调查结果全面、准确。1932年书写在青砖墙上的《中国苏维埃第一次全国代表大会土地法令草案》的病害调查，参照了统计调查的成熟理论，采用了普查、重点调查、典型调查、抽样调查的方法。其中普查应用于病害现场描述、记录、图形绘制等。

本次1932年书写在青砖墙上的《中国苏维埃第一次全国代表大会土地法令草案》的病害调查主要采用了如下的技术手段：

3.2.1 近景摄影测量

对1932年书写在青砖墙上的《中国苏维埃第一次全国代表

图 3.1 起甲

起甲：文物表面多处分布不同程度的起甲，应该和文物表面胶液老化、温湿度变化相关。

大会土地法令草案》进行正投影法近景拍照，记录文物现状，为其他保护工作提供资料依据，并为现状调查提供底稿。近景摄影测量是摄影测量的一个分支，是对非地形目标进行近距离摄影并确定其形状、大小、状态、过程和空间几何位置的一门技术。这种成熟的技术在文物保护、考古工作中已经广泛使用，不干扰本体且非常适用于不规则物体的测量。

3.2.2 绘制文物病害图

在近景摄影采集详细资料的基础上，根据病害实际发生的位置、面积，按照病害标识图例进行CAD病害图的绘制。这个过程是后期计算机的数字化处理的重要依据，也是评估1932年书写在青砖墙上的《中国苏维埃第一次全国代表大会土地法令草案》文物保存现状不可缺少的手段。

3.2.3 填写调查记录

将需要现场调查的内容根据实际情况记录下来，内容包括病害名称、病害面积、病害位置、简要说明等。要求与绘制病害图在内容与数量上一致。文字描述要力求简洁。

3.2.4 损害程度现场评估

将文物不同部位的病害，按照严重、中等、轻微、良好来进行现场评估。评估的依据包括病害的面积、对整个文物各种价值的影响程度等。这项手段要求调查人员具有丰富的调查经验和保护专业知识。

3.3 文物病害种类

经方案和现场勘察调查分析，了解到1932年书写在青砖墙上的《中国苏维埃第一次全国代表大会土地法令草案》文物病害主要有：裂缝、褪色、污染、白粉层脱落、起甲、酥碱、空鼓、地仗脱落、碎裂、水渍等病害，且部分病害属于活动性病害，亟待保护修复（图3.1典型病害照片）。具体病害如下图：

图 3.1 酥碱

酥碱：主要分布在文物下部，和环境关系应该较大，造成该病害的原因一方面是1966年文物在原址时揭开，1978年新县文管会在墙壁外做了一个柜式保护罩；另一方面是展示现场下部离地面较近。

图 3.1 裂隙

裂隙：几乎遍布文物表面，特别是细小的裂隙较多。在文物的拼接处、背部支撑砖体缝隙处，有几处较大裂隙，这应该与文物揭取、保存方式、环境等有一定的关系。

图 3.1 褪色

褪色：文物上字体整体出现不同程度的褪色。这和当年去除黄泥封护、后期常年室外自然环境存放、展厅存放展示灯光环境等，都有较大关系。

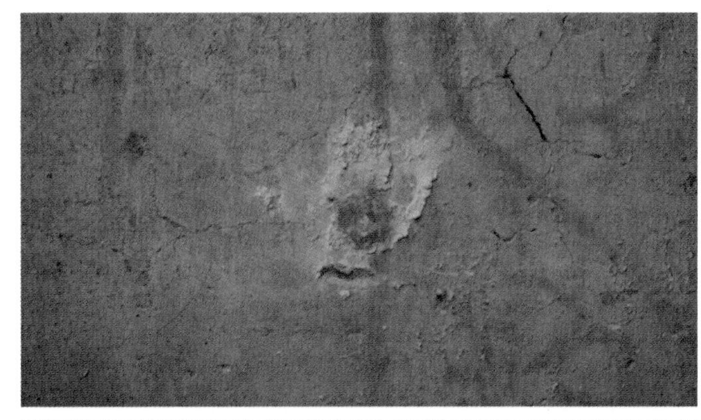

图 3.1 白灰污染

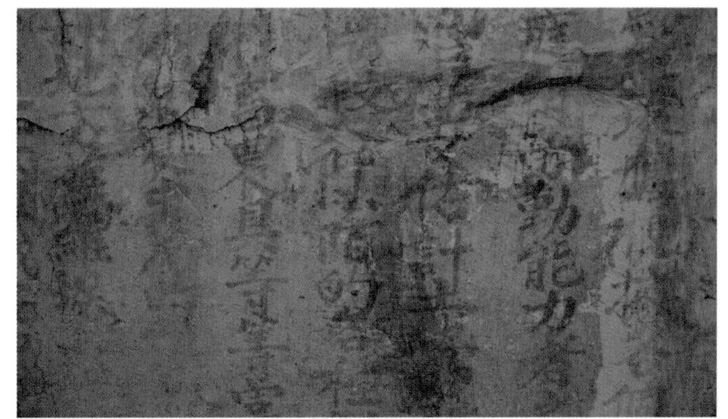

图 3.1 胶污染

图 3.1 污染

图 3.1 贴纸污染

污染：有多种污染，一是保存、展示过程中的灰尘污染，几乎遍布文物表面；二是文物在揭取、画面加固、地仗层修复等过程所使用的材料对文物表面造成的污染，这里有白灰或胶污染、石膏污染；三是人为活动所使用的材料对文物表面的污染，推测是当年在墙上时上面有贴纸现象，从而形成的贴纸污染。

图3.1　白粉层脱落

白粉层脱落：散见于整个文物表面多处，直接造成文物上文字脱落。

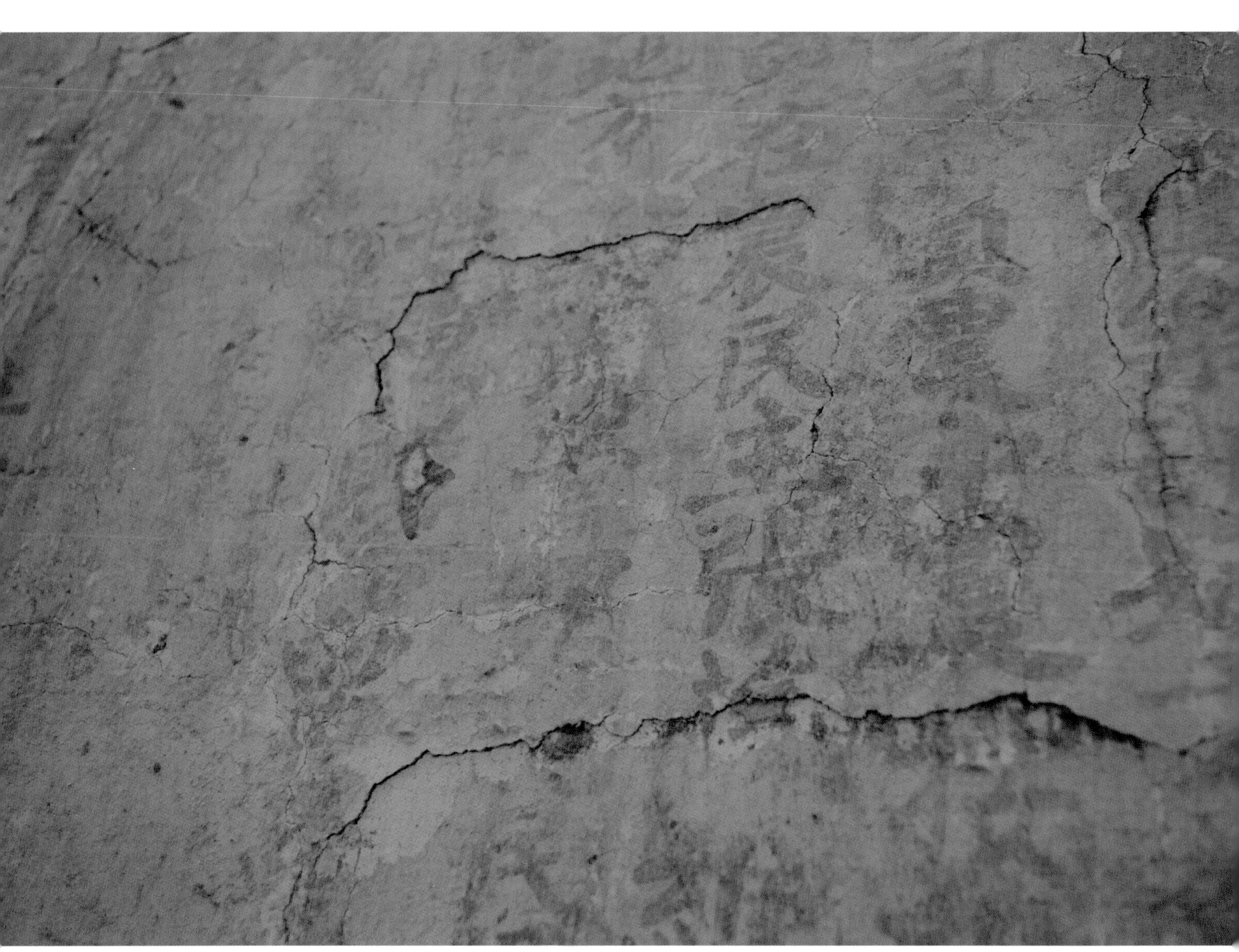

图 3.1 空鼓

空鼓：相对较少，主要分布于文物中下部和周边。

图3.1 碎裂

碎裂：主要分布在文物中下部。

图 3.1 地仗脱落

地仗脱落：主要分布于文物周边个别地方。

图 3.1 水渍

水渍：只存在于文物表面个别地方，这应当和当年常年室外自然环境存放，雨水冲刷有关。

3.4 文物现状调查病害图

按照中华人民共和国文物保护行业标准《古代壁画病害与图示》病害图例和批准方案，对照病害现状调查图也可看到病害实际状况。

起甲	褪色	污染	酥碱
颜料层脱落	空鼓	水渍	积尘
裂隙	地仗脱落	碎裂	覆盖

名称编号	新县文物 -01
绘制单位	洛阳古代艺术博物馆
审　核	杨　蕊
绘制人员	巴君兰
绘制时间	2020 年 12 月 1 日

起甲	褪色	污染	酥碱	名称编号	新县文物 -02
颜料层脱落	空鼓	水渍	积尘	绘制单位	洛阳古代艺术博物馆
				审　核	杨　蕊
裂隙	地仗脱落	碎裂	覆盖	绘制人员	余黎星
				绘制时间	2020 年 12 月 1 日

3.5 病害面积统计

文物病害面积统计工作对于文物病害类型与程度判断起到至关重要的作用。

表3.1 文物病害统计（平方米）

病害名称	病害面积
白粉层脱落	1.53
起甲	1.04
裂缝	6.6
水渍	0.34
酥碱	0.52
地仗脱落	0.12
褪色	1.3
空鼓	0.3
污染	0.8
积尘	5.2
碎裂	0.13

3.6 调查结果分析评估

据现场勘察、分析评估，由于文物自1966年揭开后，直接裸露在室外，直到1978年新县文管会才在墙壁外做了一个柜式保护罩，1979年公布为新县文物保护单位时，据当时记载已“因风吹日晒，字迹现已不很清楚”。

文物自2015年一直在基本陈列展厅内普通展柜中进行展示，展柜密封性能差，展柜位置正好在进门口附近，展室门又经常处于开放状态，因此展柜内温湿度变化受外部展厅或室外温湿度变化影响较大，十分不利于文物的保护。

颜色对光线较为敏感，文物参观采光为上部筒灯照射加自然光辅助，光线较强，加剧了文字的褪色。

文物周边被砖砌展示墙固定封护在内，前面的玻璃封护被固定住，不易打开，日常保养维护不便，不利于文物的保护和“延年益寿”。

2015年进行展示装修时，环氧贴砖等操作不当，对文物造成了新的污染。

文物现存在多种病变，对其损害严重，且部分病变有不断发展的趋势。

由于表面脱落、褪色病害破坏了文物的完整性和安全性，严重妨碍其价值展现。

酥碱、粉化对文物的安全性有较大影响，其中最为严重的是酥碱，修复难度较大。

另据现场勘察、专家咨询和分析检测，了解到修复后文物现支撑体为建筑墙体青砖+环氧树脂+木板，相对较为稳定。

四　环境调查及分析

据现场勘察，因为现在文物存放在普通展柜中，自 2015 年至今一直在鄂豫皖苏区首府革命博物馆基本陈列展厅内进行展示，且展厅为对外开放式，内部仅有空调设备（图 4.1-4.4），因此文物：

图 4.1　文物现状

4.1 保存环境温湿度变化较大

由于普通砖墙玻璃展柜密封性能差，再加上该展柜位置正在进门口附近，展室门又经常处于开放状态，因此展柜内温湿度变化受外部展厅或室外温湿度变化影响较大。现场三天监测结果发现温度最大值 11.9°C，最小值 6.7°C；湿度最大值 63.5%，最小值 49.7%，变化较为明显，十分不利于文物的保护。

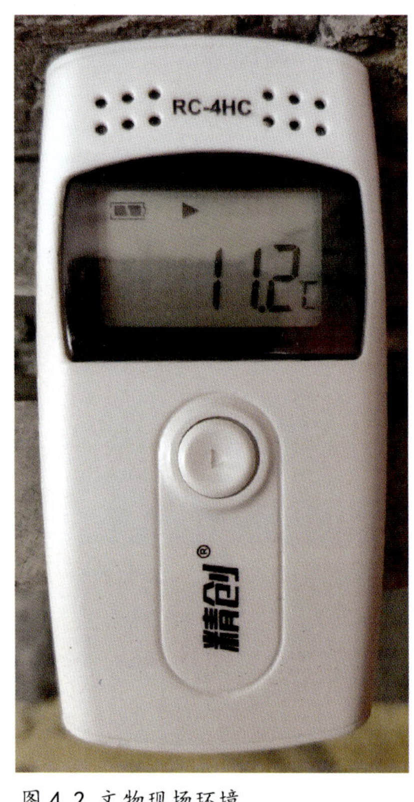

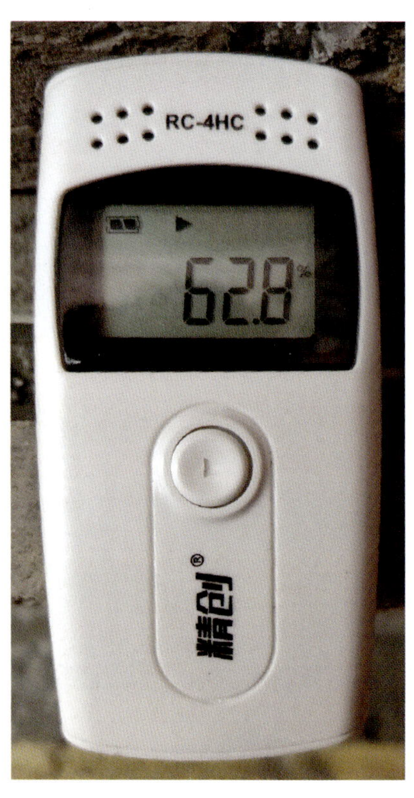

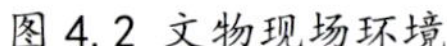
图 4.2 文物现场环境

1. 连续三日测量，温度与时间关系如下：

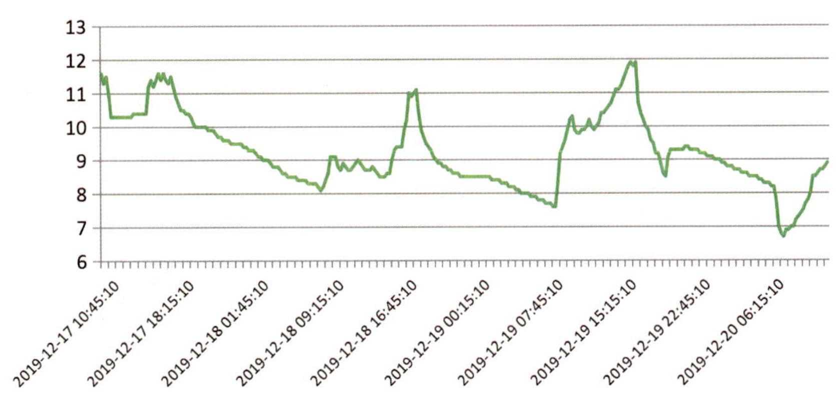

使用精创 RC-4HC，每 15 分钟记录一次。

最大值（温度）：11.9°C

最小值（温度）：6.7°C

平均温度：9.5°C

2. 连续测量三日，三日内湿度与时间关系如下：

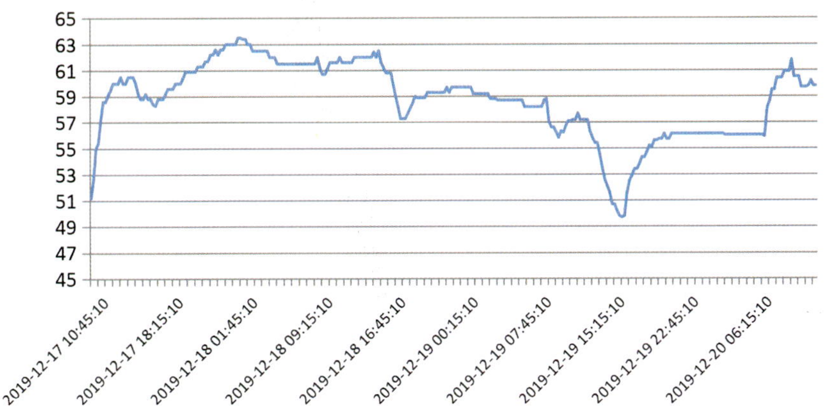

使用精创 RC-4HC，每 15 分钟记录一次。

最大值（湿度）：63.5%

最小值（湿度）：49.7%

平均湿度：58.2%

4.2 展厅光线较强

颜色对光线较为敏感，文物参观采光为上部筒灯照射加自然光辅助，光线较强，加剧了文字的褪色。

4.3 日常保养维护不便

文物周边被砖砌展示墙固定封护在内，前面的玻璃封护被固定住，不易打开，不能进行日常的保养维护，不利于文物的保护和“延年益寿”。

图 4.3 展示环境（温度、光线）

图 4.4 展示环境（参观）

五 制作工艺结构及材料分析

利用多种分析仪器对新县1932年书写在青砖墙上的《中国苏维埃第一次全国代表大会土地法令草案》制作工艺、材料及病害开展了原位无损分析调查，所使用设备包括便携式X射线荧光能谱仪、超景深三维立体显微镜、手持式背散射成像仪、色差仪、红紫外相机。通过便携设备的原位无损调查，从微观形貌、元素组成两个角度获取了文物制作工艺特点、材料组成、病害特征等信息。并在此基础上，对典型区域地仗及支撑体进行了微损取样并在实验室进行了拉曼、离子色谱检测分析。

5.1 文物支撑体、地仗及结构

1932年书写在青砖墙上的《中国苏维埃第一次全国代表大会土地法令草案》修复前宽305厘米，高169厘米，厚17.5厘米，由切割后的四块文物组合而成，参照壁画结构分层，整个文物基本结构为：文物支撑体为木板+环氧树脂+削薄青砖，相对较为稳定；砖壁上敷以厚0.3—0.5厘米的白灰作地仗层，现病害较多，整体强度相对较弱；地仗层之上是墨书文字，褪色、脱落严重（图5.1-5.4）。

图5.1 文物结构

图 5.2 文物支撑背板

图5.3 文物侧光照

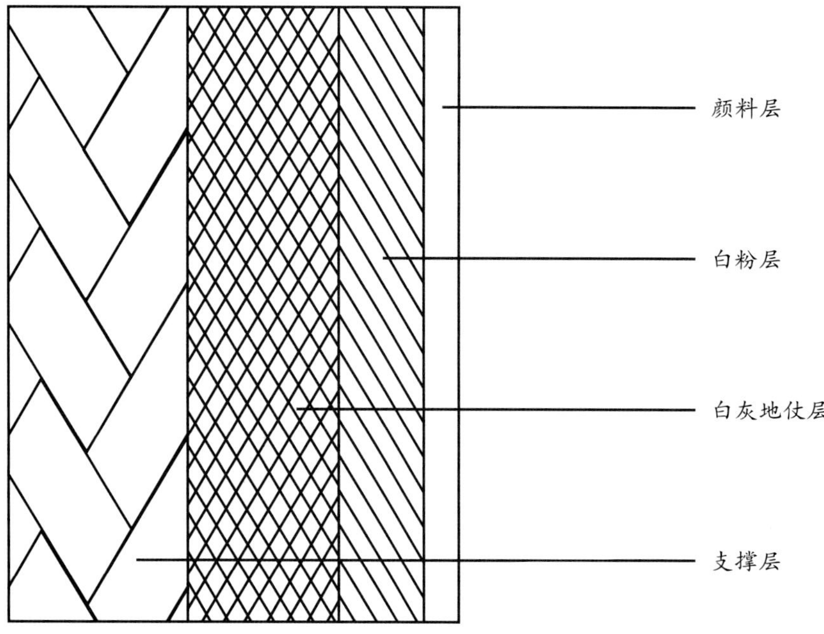

图5.4 墨书《土地令草案》结构示意图

5.2 文物的分析检测

序号	检测项目	仪器型号	检测条件	功能简介
1	便携X射线荧光能谱仪	尼通 XL3t950	矿石及土壤模式，检测时间约60秒，电压50kV，电流200微安，检测直径3mm	文物元素成分组成、有害元素检测
2	显微形貌分析	基恩士 VHX-5000	同轴灯光照明，20-50X	表面裂缝、腐蚀、霉菌等病害情况观察记录
3	色度检测	爱色丽 VS450	光 源:D65 观察者角度:10° 颜色空间:CIE LAB,LCh	颜色标准值提取
4	背散射成像	Heuresis HBI-120	电压120kV，功率5W	内部裂缝、空鼓情况检测
5	拉曼光谱仪	HORIBA Scientific HE	785nm、532nm波长，检测时间约60秒	墙体及胶体组成成分检测

续表一

序号	检测项目	仪器型号	检测条件	功能简介
6	离子色谱	Dionex Aquion	见表后	盐碱或现场土壤阴阳离子检测
7	红紫外相机	猎踪	850nm 光源，50mm 标准镜头	彩画底稿及隐藏信息采集，修复或虫害痕迹采集
8	硬度	Proceq Equotip Live	里氏硬度	文物表面硬度检测，判断其风化程度
9	木材鉴定	蔡司	200X、400X 下观察木材不同切面细胞组织结构	木材种类鉴定

离子色谱样品制备

自然风干，取粉末样品 2mg，于 250mL 的具塞三角瓶中，加入 100mL 的去离子水，使用超声仪进行振荡溶解 30 分钟。取适量溶液进行离心分离，转速 8000rad/min，时间 5 分钟，然后吸取上清液。再经过 0.22μm 尼龙滤膜过滤，取滤液进行实验。

阴离子含量测定仪器条件

使用 AQUION 离子色谱仪器测定可溶性阴离子含量，每个样品平行测定两次，同时扣除实验空白。

色谱柱：Dionex AS 194mm×250mm×10μm，加 Dionex Ion Pac TMAG 194mm×50mmGuard 保护柱。

流动相：Dionex Reagent-Free Controller 淋洗液自动发生器，20mmol/LKOH。

流速：1.0mL/min。

抑制器：Dionex AERS 5004mm，抑制器电流为 50mA。

检测器为：Dionex DS6 Heated Conductivity Cell。

进样器：Dionex AS-DV 自动进样器，进样量为 25μL。

5.2.1 便携X荧光能谱仪元素检测

1. 左部白色样品（编号49#）样品图、谱图与元素含量如下：

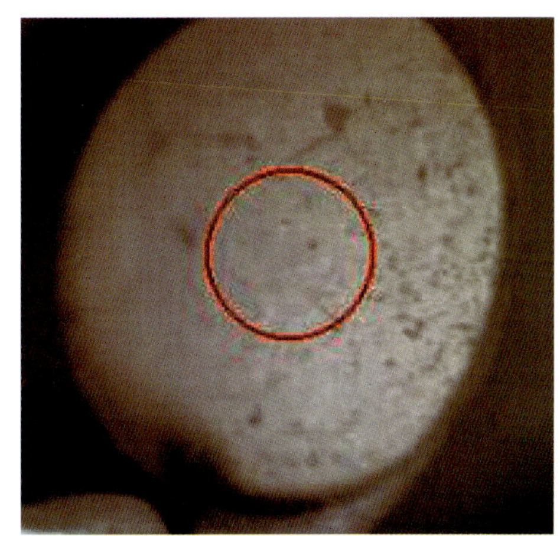

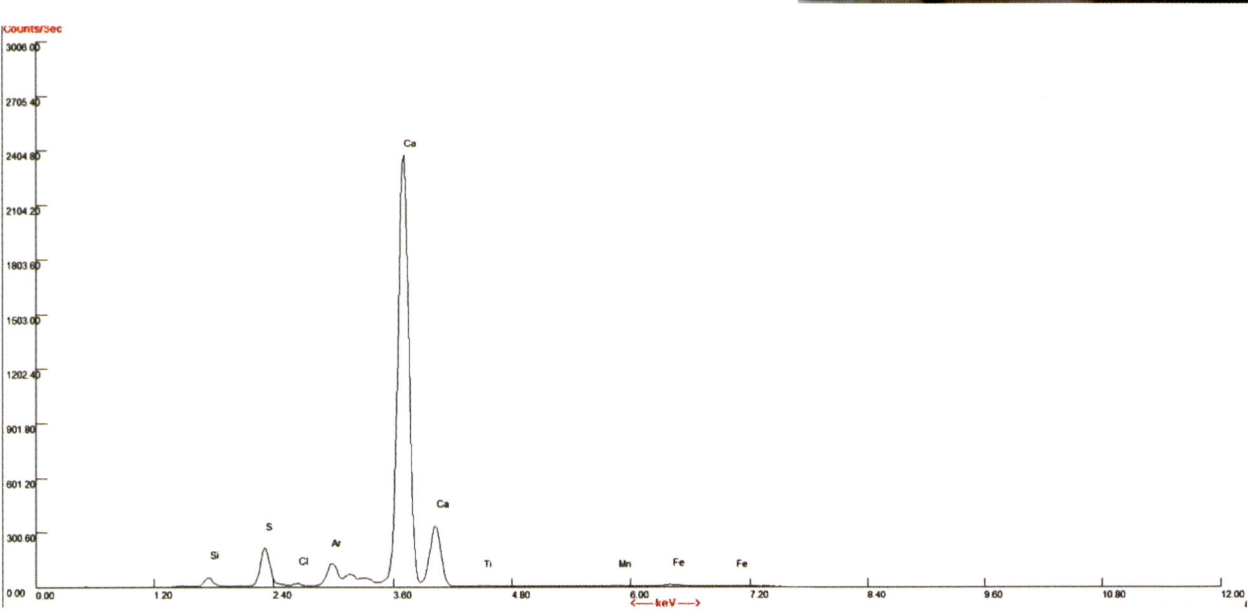

主要成分	Fe	Ca	X	Al	Si	S	Mg
含量 %	0.448	28.11	0.345	1.176	4.026	4.503	0.068

2. 左下部灰色样品（编号50#）样品图、谱图与元素含量如下：

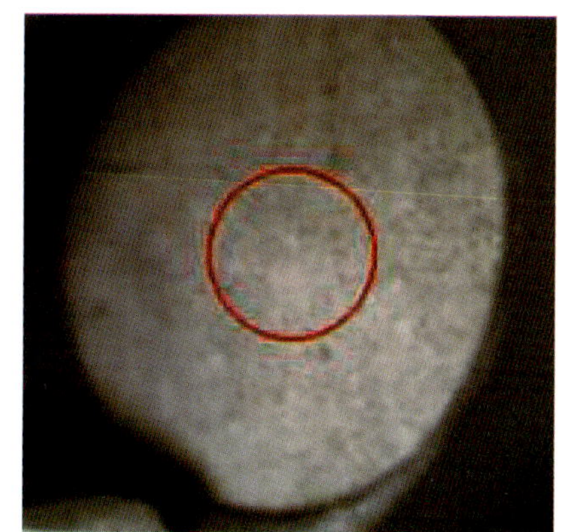

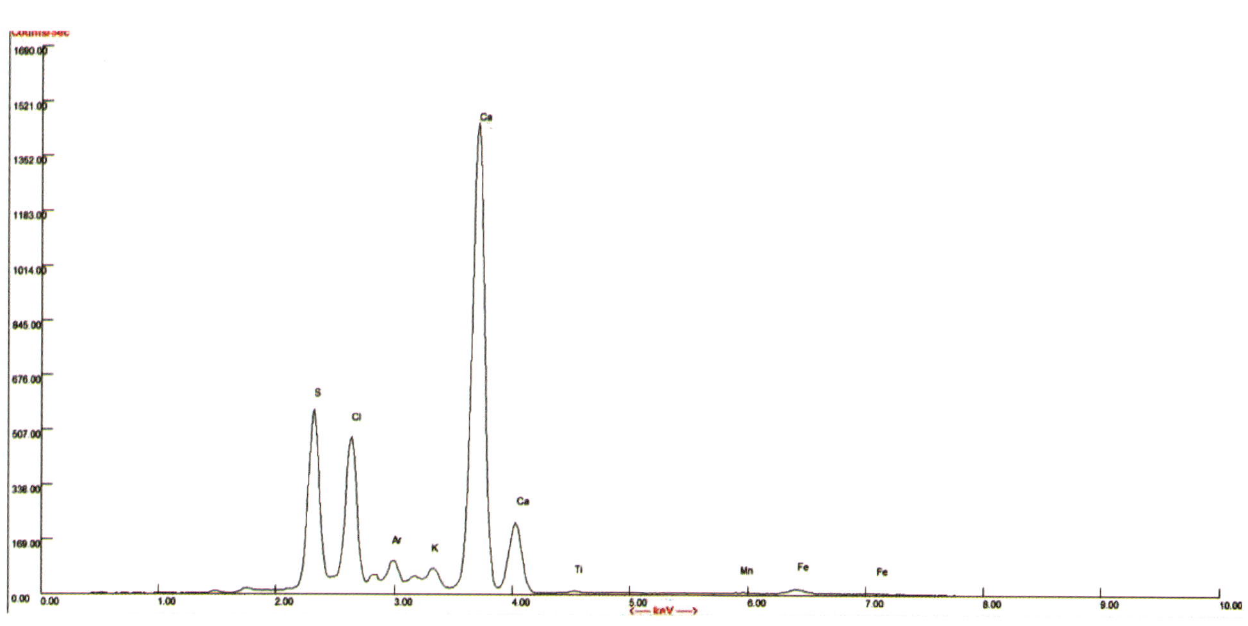

主要成分	Fe	Ca	K	Al	Si	S	Cl
含量 %	0.275	20.71	0.424	0.993	1.082	10.258	2.432

3. 中部红色样品（编号 52#）样品图、谱图与元素含量如下：

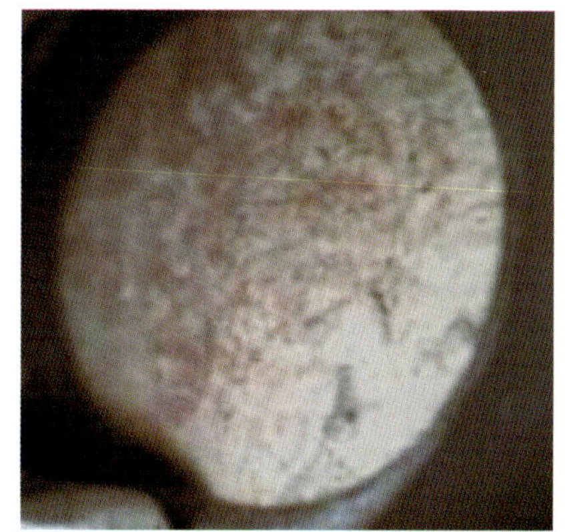

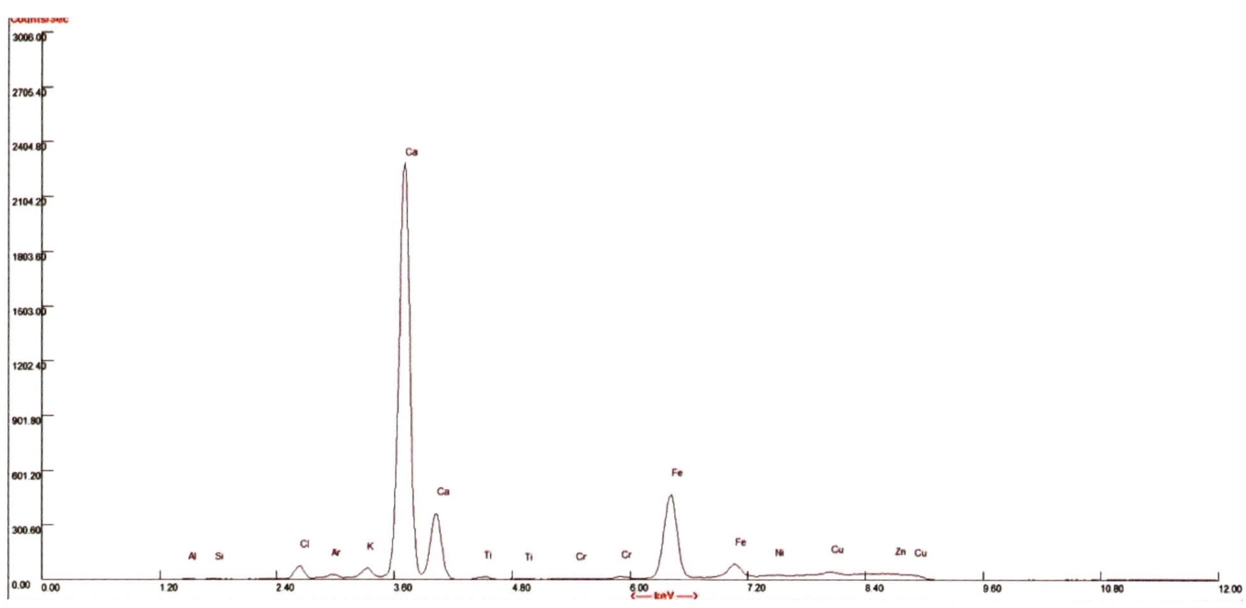

主要成分	Fe	Ca	K	S
含量 %	0.556	22.61	1.005	0.349

4. 中下部黄色接缝样品（编号 53#）样品图、谱图与元素含量如下：

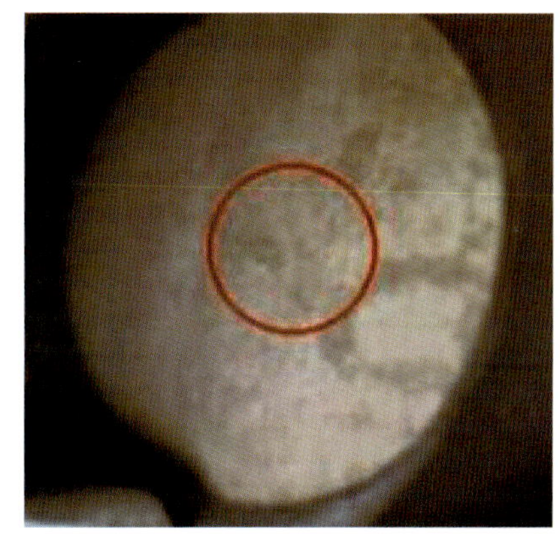

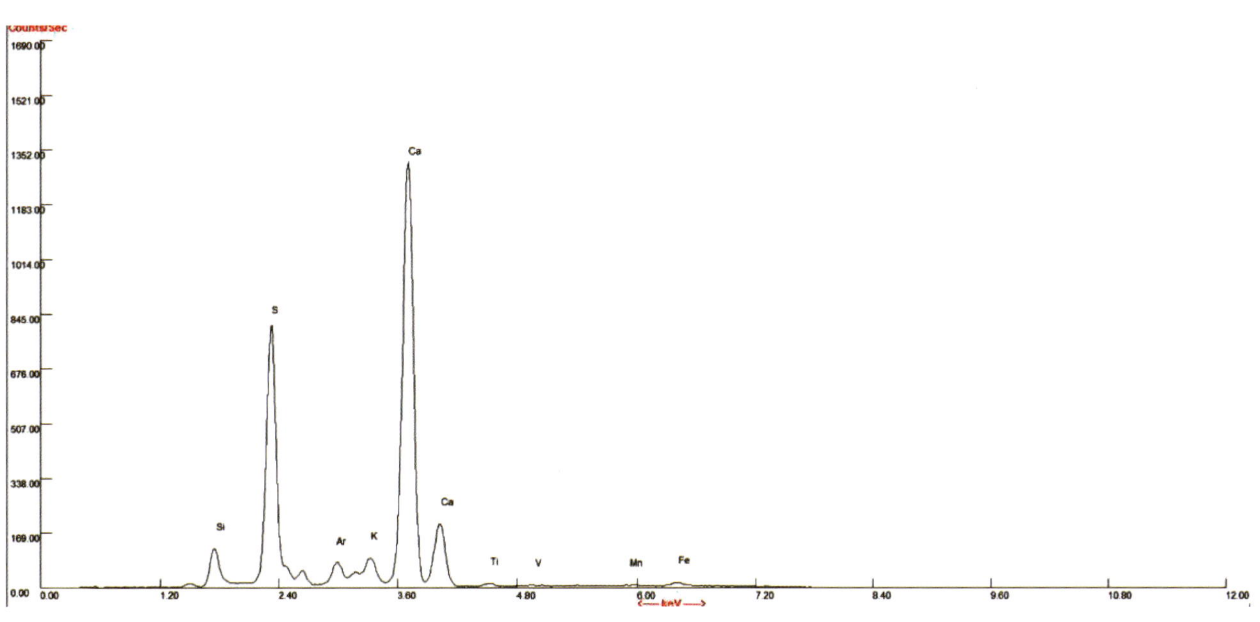

主要成分	Fe	Ca	K	Al	Si	S	Cl
含量 %	0.280	16.74	0.881	2.771	8.667	17.09	0.329

5. 右下部修补处样品（编号54#）样品图、谱图与元素含量如下：

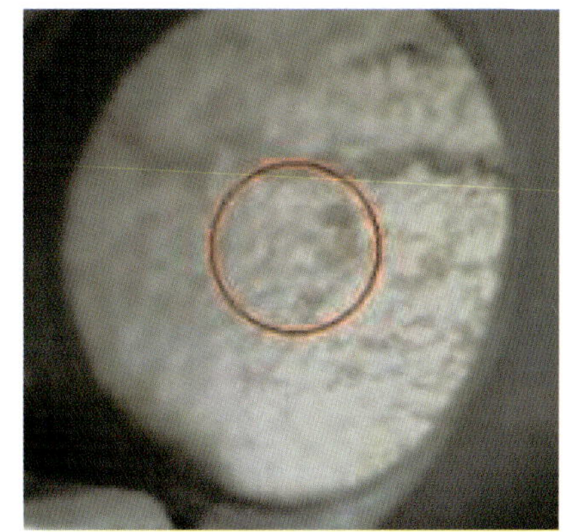

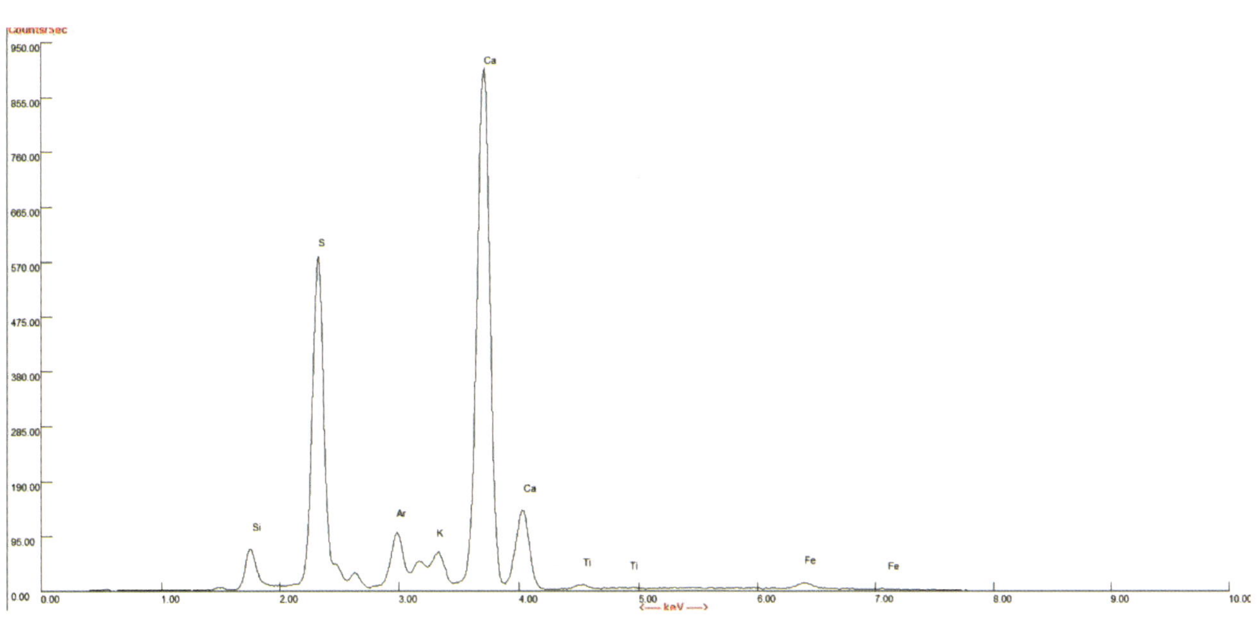

主要成分	Fe	Ca	K	Al	Si	S	Cl
含量 %	0.325	14.32	0.724	1.302	6.297	14.15	0.190

6. 左侧砖墙（上第三块砖）样品（编号55#）样品图、谱图与元素含量如下：

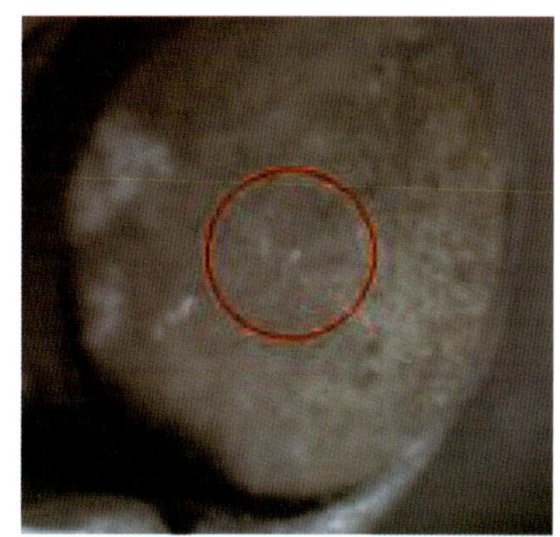

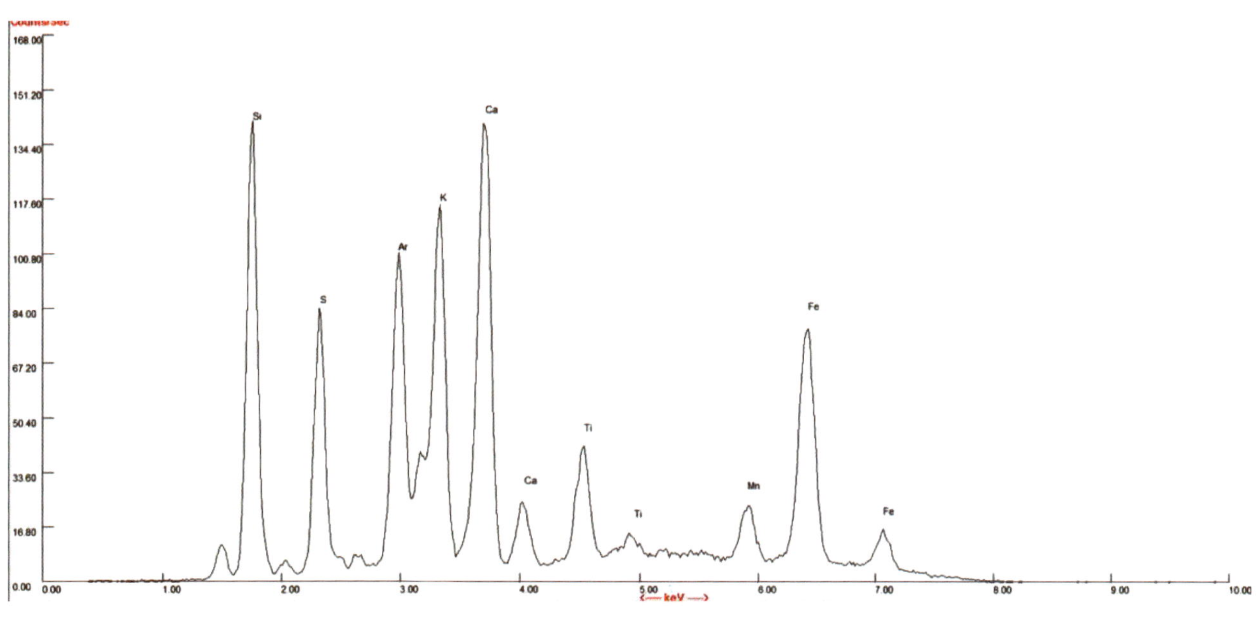

主要成分	Fe	Ca	K	Al	Si	S	Cl	Ti
含量 %	3.237	1.537	1.483	3.356	14.54	2.357	0.329	0.345

7. 左侧砖墙（上第五块砖）样品（编号56#）样品图、谱图与元素含量如下：

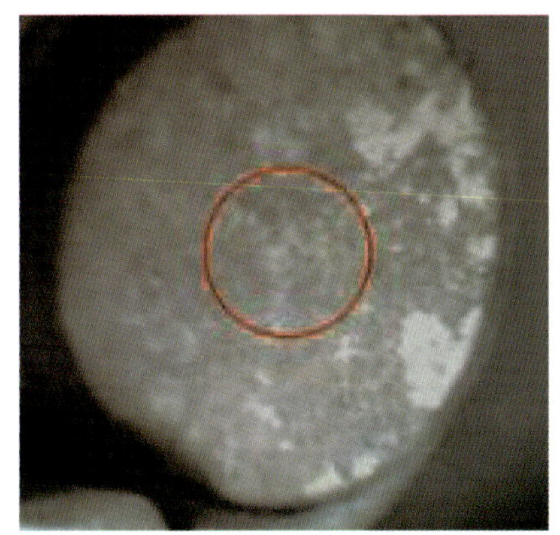

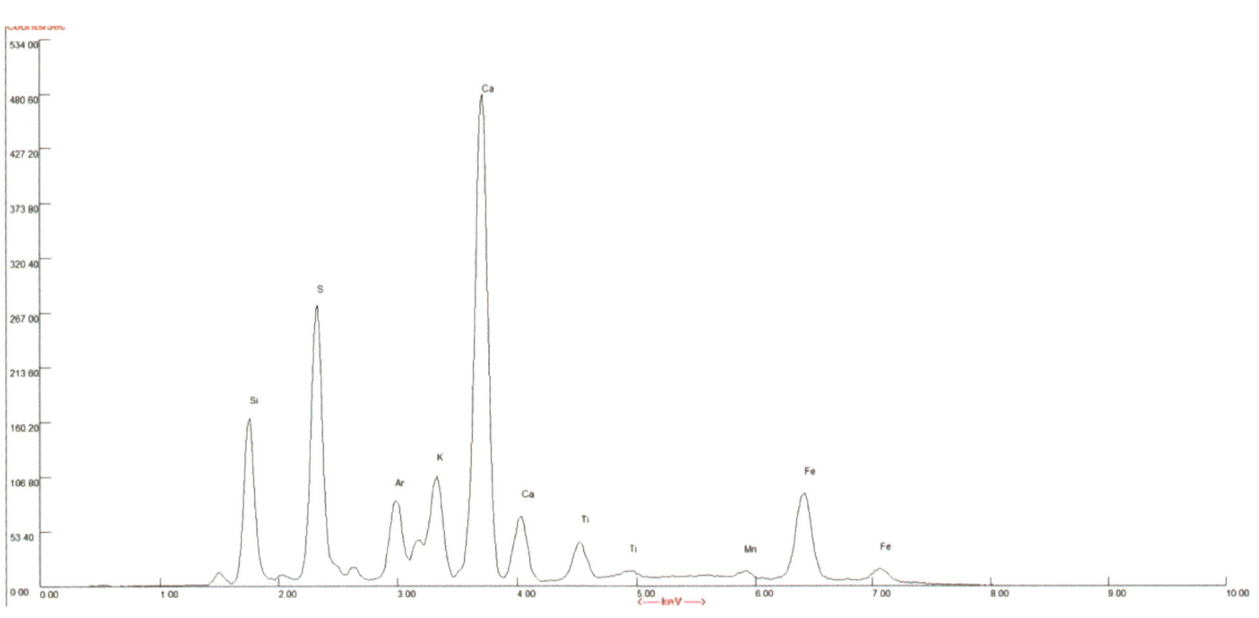

主要成分	Fe	Ca	K	Al	Si	S	Mg	Ti
含量 %	3.415	4.479	1.288	3.295	13.26	6.393	1.998	0.320

8. 右下部灰色样品（编号 57#）样品图、谱图与元素含量如下：

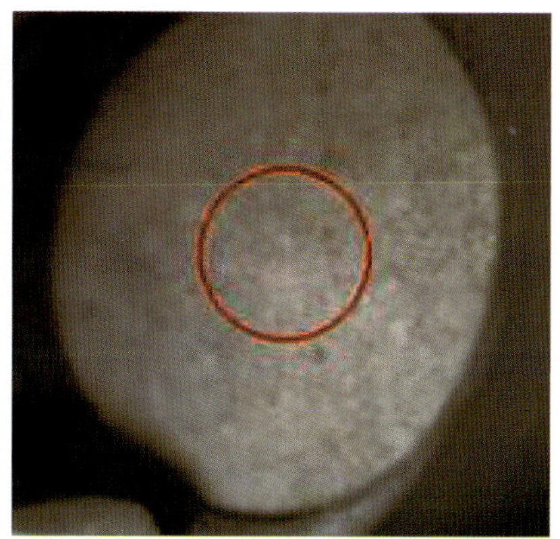

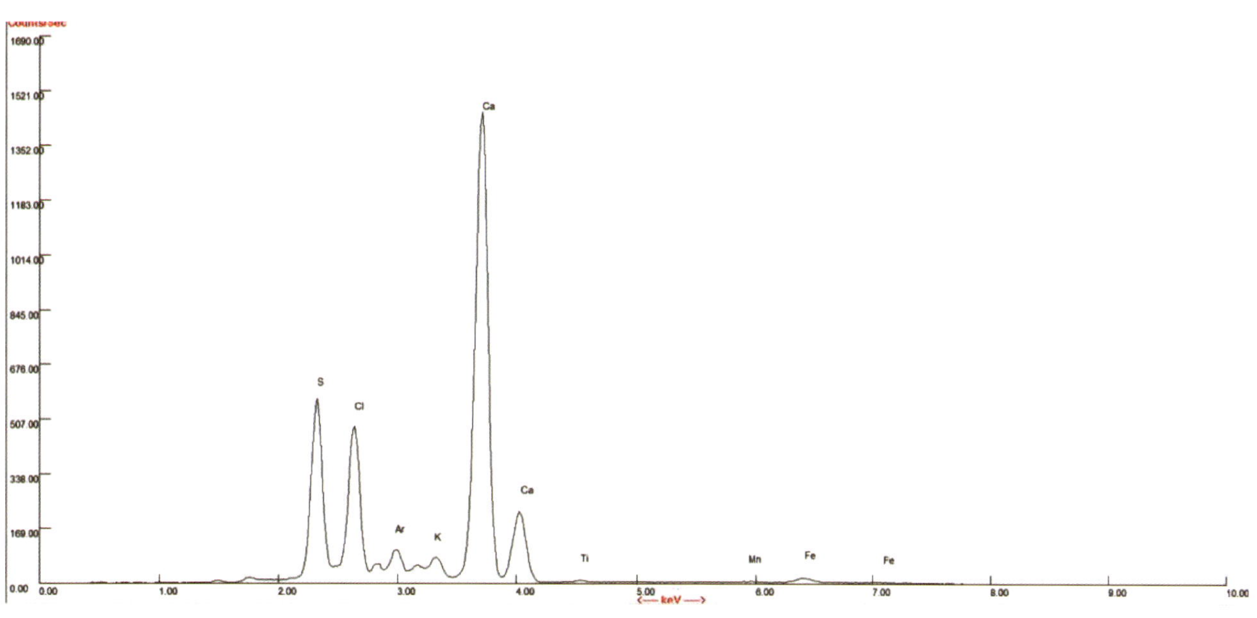

主要成分	Fe	Ca	K	Al	Si	S	Mg
含量 %	0.644	18.95	0.800	1.660	1.409	10.98	3.427

5.2.2 显微形貌观察

1. 左部下部修补部分实物图、超景深观察图如下：

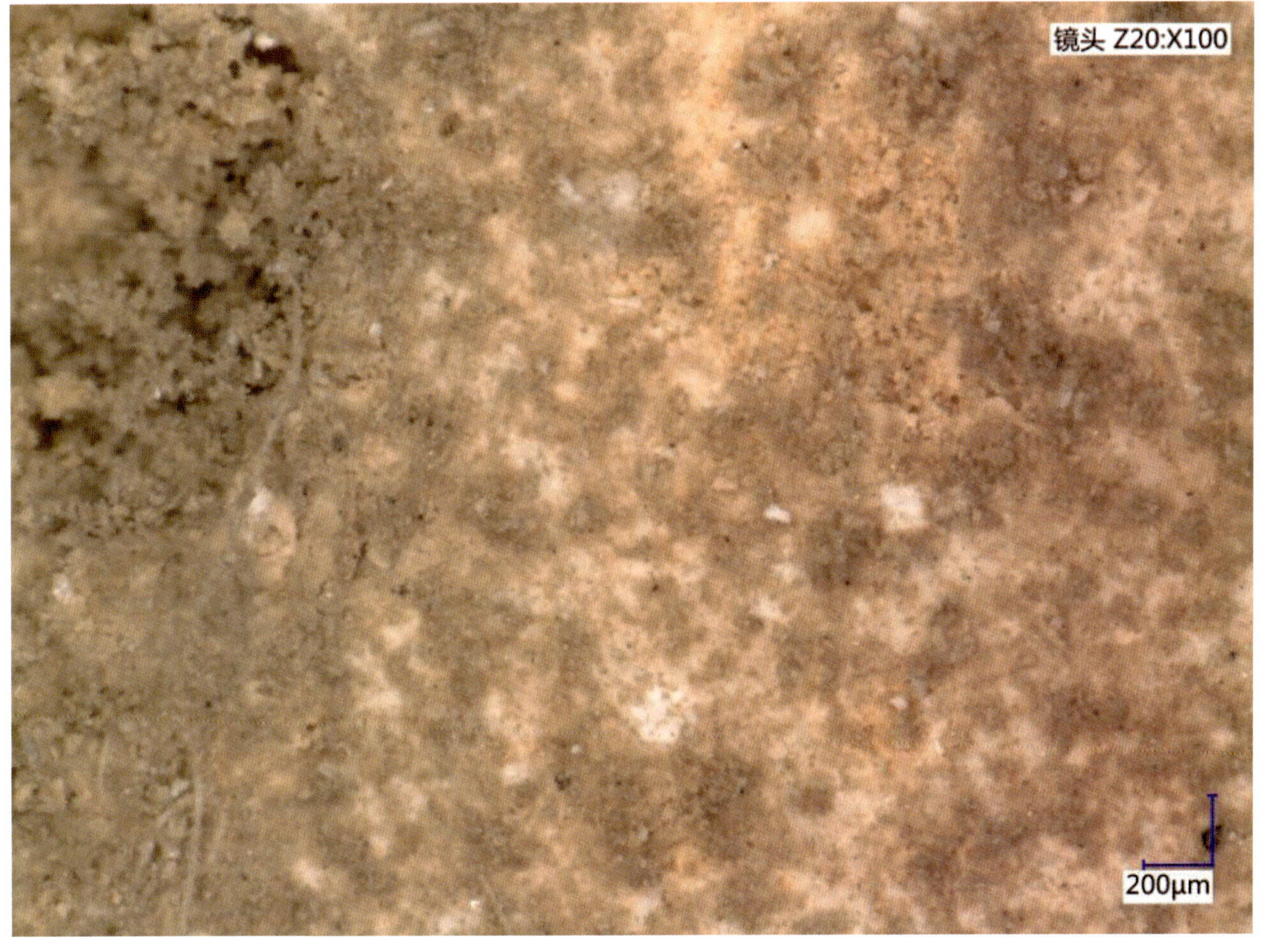
镜头 Z20:X100
200μm

2. 左下部起皮部分实物图、超景深观察图如下：

镜头 Z20:X20
200μm

3. 中下部红色部分实物图、超景深观察图如下：

镜头 Z20:X30
200μm

4. 中下部白灰实物图、超景深观察图如下：

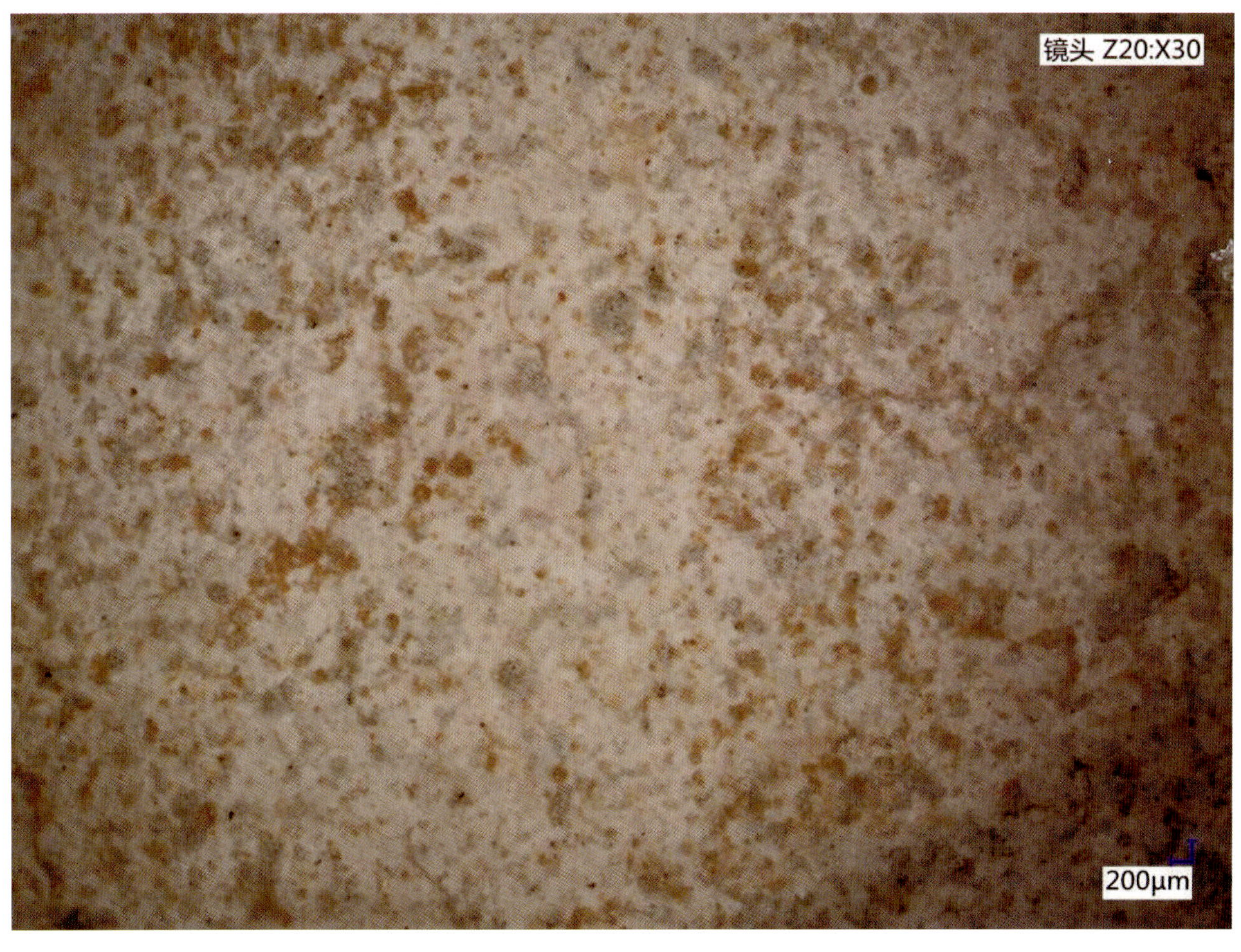
镜头 Z20:X30
200μm

5. 中部自然裂缝实物图、超景深观察图如下：

镜头 Z20:X30
[1]892µm
200µm

6. 中部拼接缝实物图、超景深观察图如下：

镜头 Z20:X30
[1]794μm
200μm

7. 右侧胶面实物图、超景深观察图如下：

镜头 Z20:X30
200μm

8. 右侧红色部分实物图、超景深观察图如下：

镜头 Z20:X30
[1]511μm
200μm

9. 文字部分—深色实物图、超景深观察图如下：

镜头 Z20:X30
200μm

10. 文字部分一较浅实物图、超景深观察图如下：

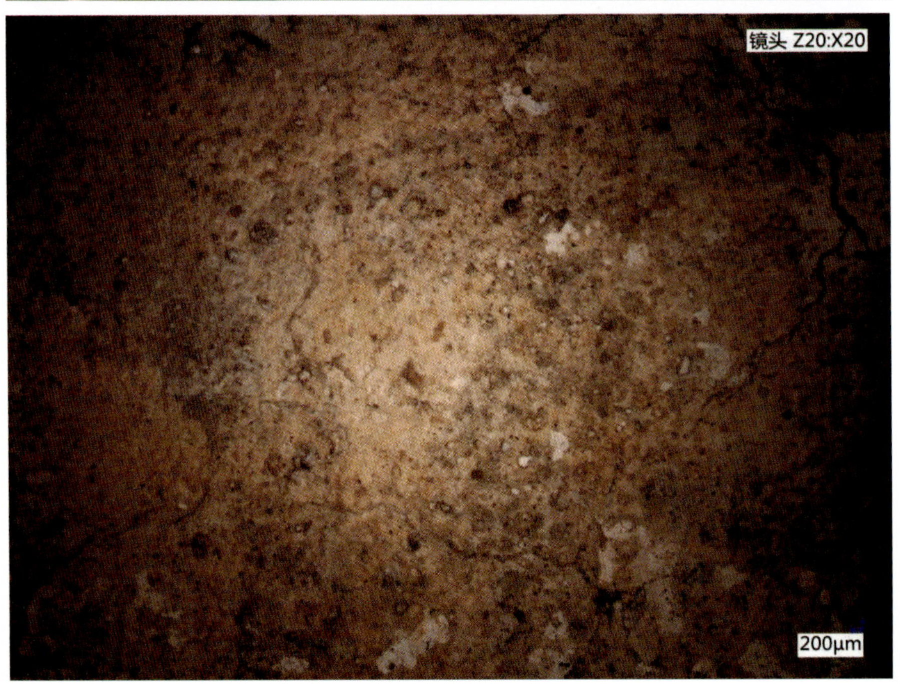

11. 文字部分—浅色实物图、超景深观察图如下：

6.2.3 色度检测

检测位置	色度		
	L*	a*	b*
0- 原	72.04	4.06	14.76
0- 原	72.05	4.04	14.78
0- 原	72.04	4.04	14.77
1- 照	70.12	1.87	10.50
1- 照	70.12	1.86	10.49
1- 照	70.12	1.87	10.49
2- 第	70.79	3.03	16.09
2- 第	70.79	3.00	16.11
2- 第	70.79	3.00	16.13
1- 苏 2	69.82	3.10	15.88
1- 苏 2	69.81	3.09	15.85
1- 苏 2	69.82	3.09	15.87
田	70.68	2.72	13.60
田	70.67	2.75	13.59
田	70.66	2.74	13.59
5- 得	71.79	3.43	15.60
5- 得	71.78	3.42	15.60
5- 得	71.79	3.41	15.62

5.2.4 背散射成像

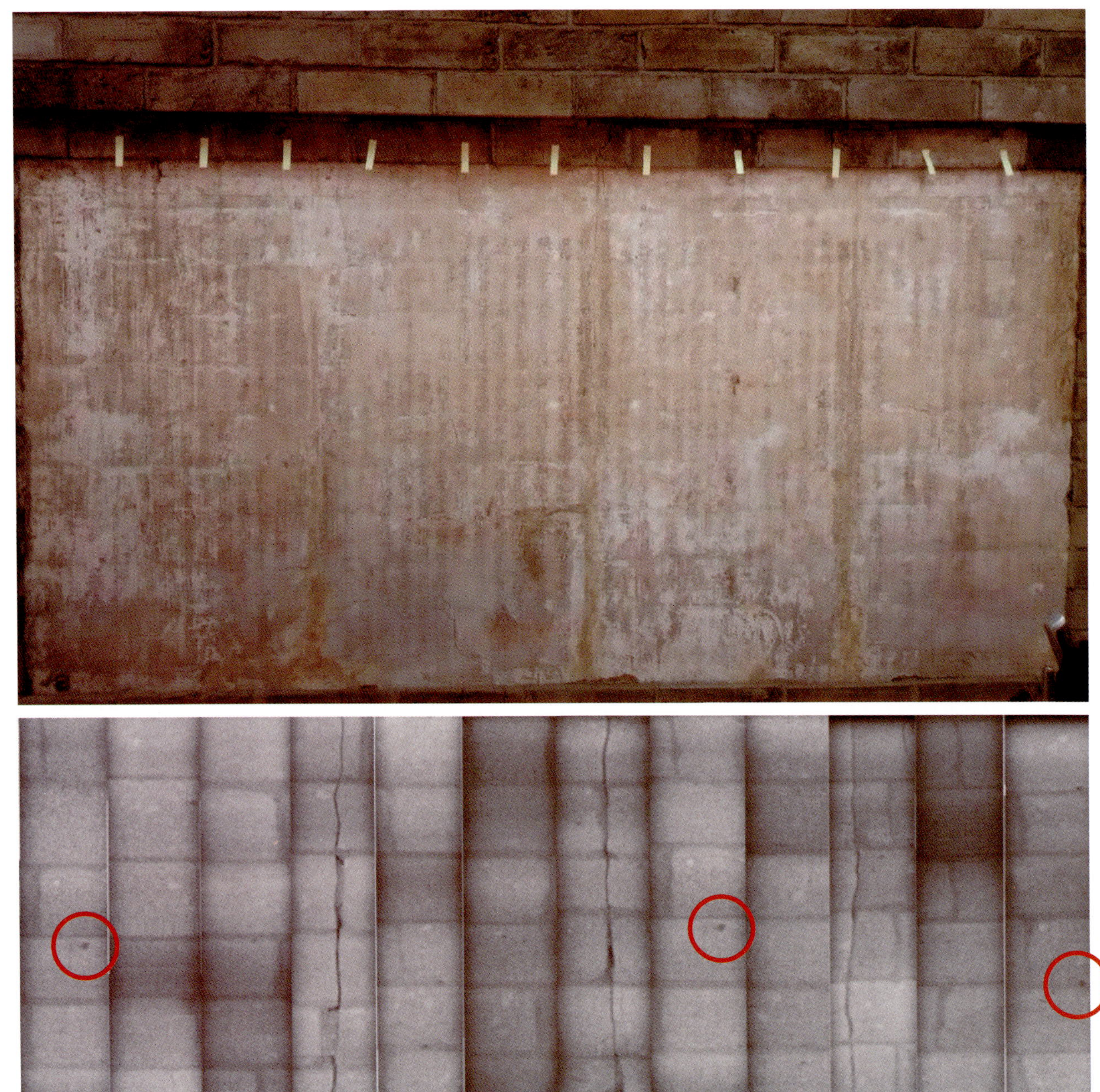

整体内部检测结果较好，内部砖没有明显裂缝，但是在原来切割位置，右侧切割处从下数第二块砖已经断裂，中部和左侧切割处破损较多，从上数第四排砖的左、中、右部均有一个较小孔洞，具体位置如图，似为后期钉子孔。

5.2.5 拉曼光谱检测

1. 中部胶体

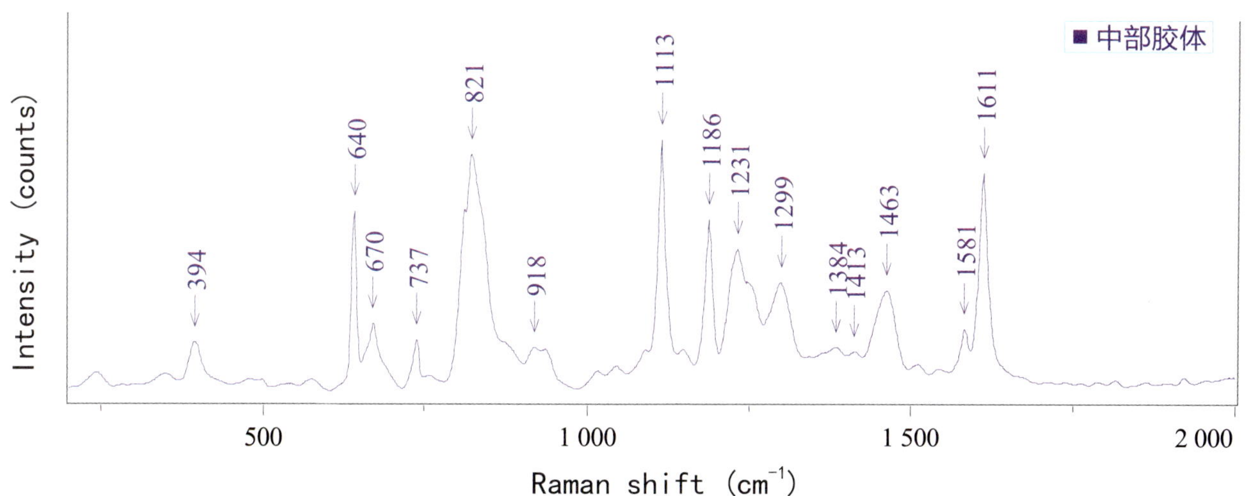

检索结果：环氧树脂

2. 左侧背砖胶体

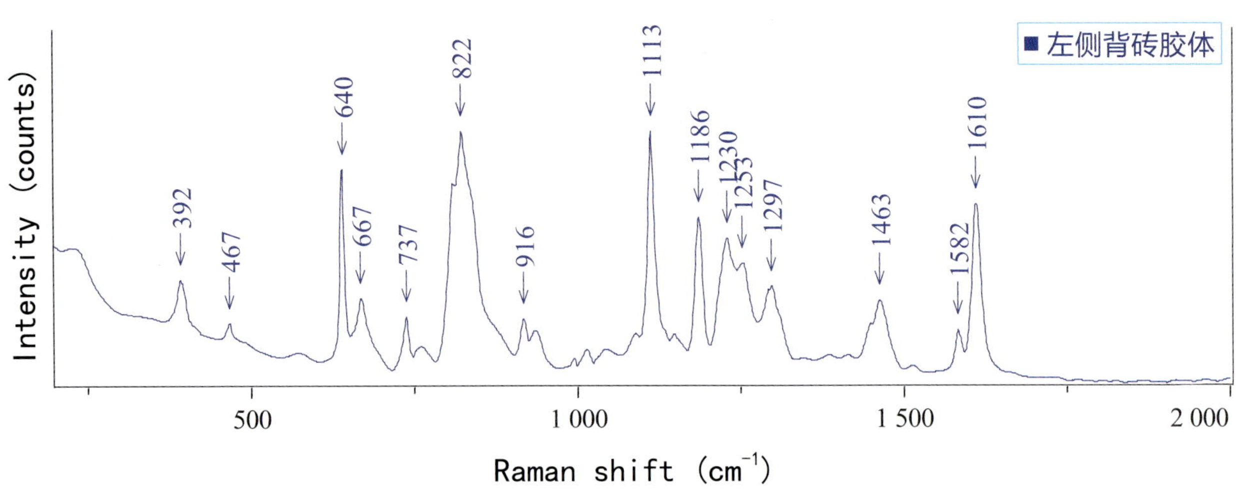

检索结果：环氧树脂

3. 右侧砖旁胶体

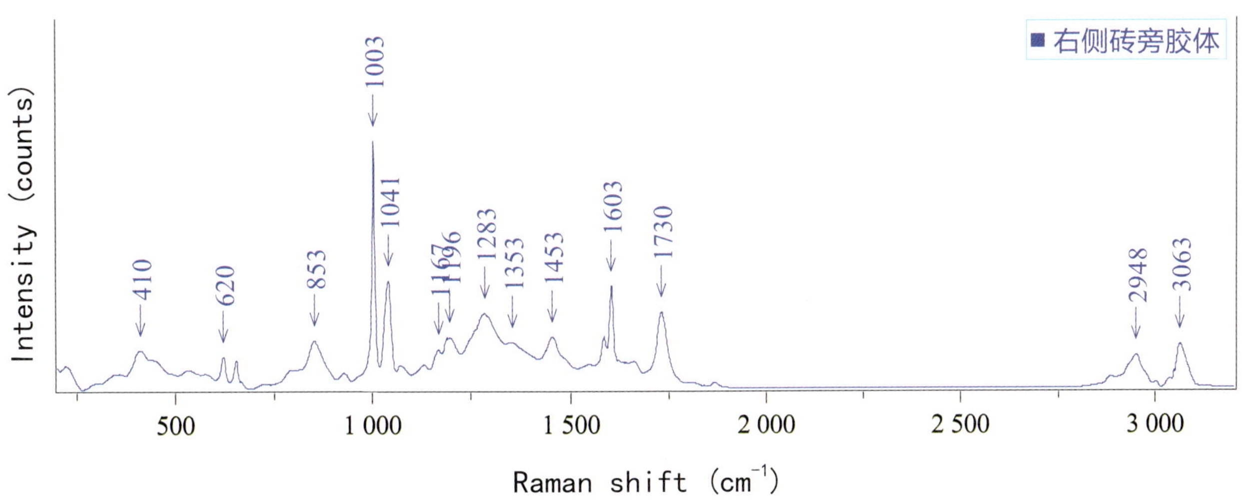

初步检索结果：苯乙烯—马来酸酐共聚物，可能为SMA树脂。

4. 墙皮白色

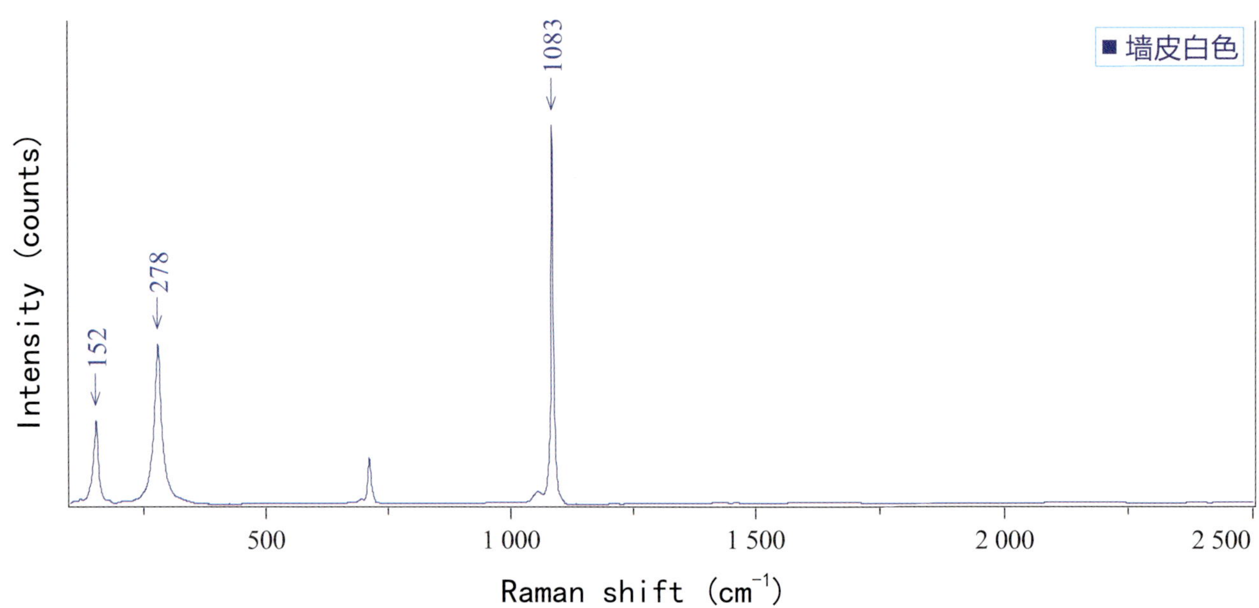

检索结果：$CaCO_3$

5. 背底白灰

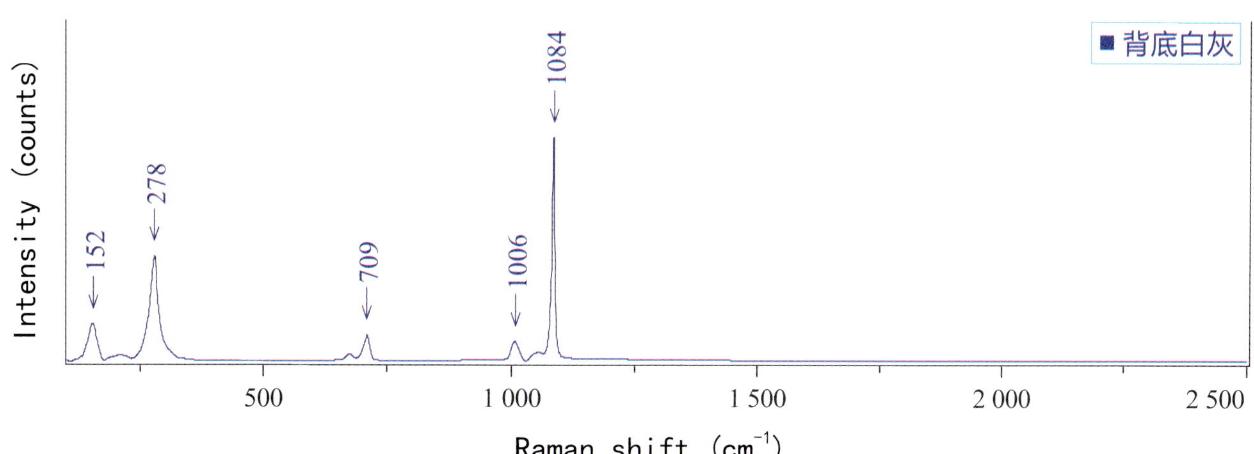

检索结果：$CaCO_3$，少量石膏

6. 后补白灰

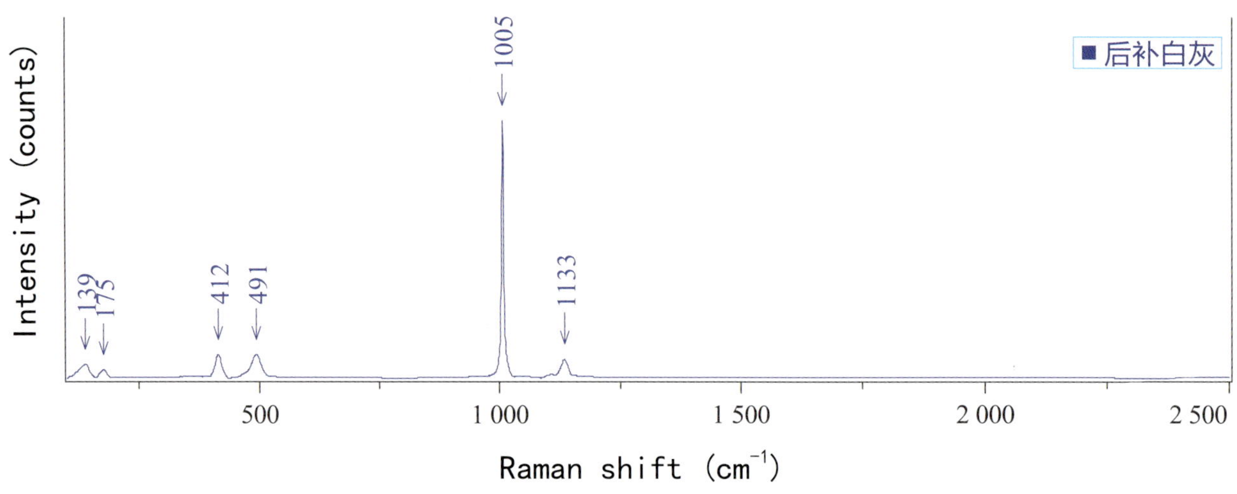

检索结果：石膏（$CaSO_4$）

5.2.6 离子色谱检测

序号	样品	钾 (mg/L)	钙 (mg/L)	钠 (mg/L)	镁 (mg/L)	硝酸根 (mg/L)	氯离子 (mg/L)	硫酸根 (mg/L)
1	脱落酥碱	12	10	28	171	111	未检出	12

检测结果显示酥碱位置可溶盐主要为镁离子和硝酸根离子。

5.2.7 红外相机拍摄

采用红外线作为光源对整个墙体进行拍摄，记录现有文字信息，并判断是否有隐藏底稿。现选取其中几张作为结果展示，主要发现红外条件下拍摄字迹清晰度变化与可见光条件下相差不大，说明字迹模糊或变浅为物理破坏，墨迹已经脱落或剥离，并非外界污染掩盖导致。

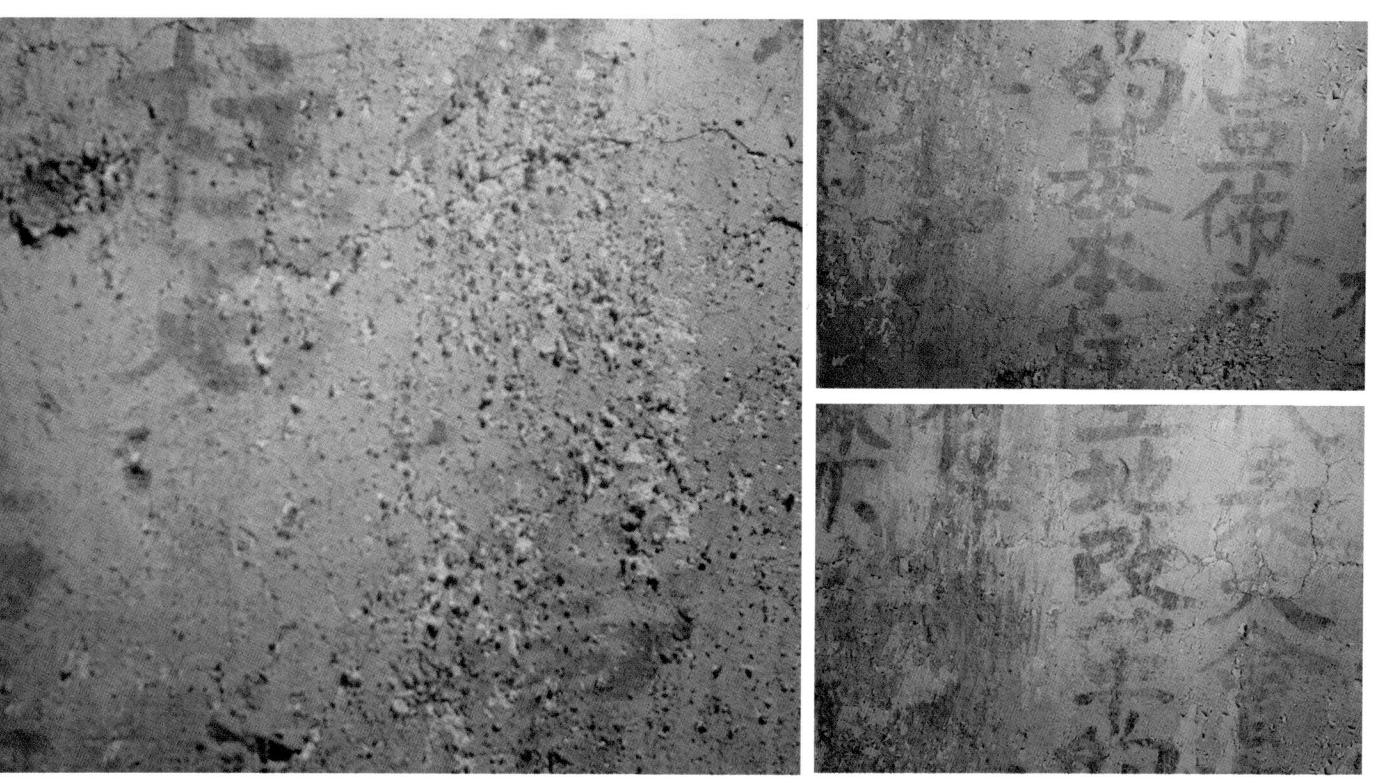

5.2.8 硬度检测

1. 左上角砖
2. 新装饰砖
3. 木框
4. 木框内侧
5. 中部砖
6. 砖体左上侧

检测位置	硬度值（HLD）
1 左上角	537
2 新装饰砖	469
3 木框	471
4 木框内侧	420
5 中部砖	524
6 砖体左上侧	422

5.2.9 木材鉴定

样品浅黄褐色微红，质地致密，无明显气味。

样品显微切片（图 5.2.9—1，图 5.2.9—2）可见木材无管孔。生长轮明显，早晚材渐变。早材管胞呈径向较长的四边形或多边形；晚材管胞多呈弦向较长的四边形。轴向薄壁组织量多，多见于晚材部分；星散状或弦列状分布；其中充填红褐色树脂。未见树脂道。早材管胞径向壁有具缘纹孔 1 列（稀 2 列），卵圆形至圆形，直径 15—20μm。射线全由薄壁细胞构成，水平壁厚，纹孔不明显；端壁无节状加厚，角隅处凹痕明显。交叉纹孔场呈杉木型，通常 2—4 个，1—2 横列。射线通常单列，偶见两列。射线高度 1—15 细胞。射线细胞长圆或近方形，部分含红褐色树脂，未见树脂道。

根据以上显微解剖特征，该样品属于杉科（Taxodiaceae）杉木属（Cunninghamia R.Br.ex A.Rich.）杉木（C.lanceolata (Lamb.) Hook.）木材。杉木结构中等，均匀；密度甚轻；硬度较软；强度较低。

一方面，杉木材质坚韧轻盈，易干燥，收缩小，不翘裂，耐久、胶接性能好；另一方面，杉木木质不紧密，处理不好容易变形和开裂。

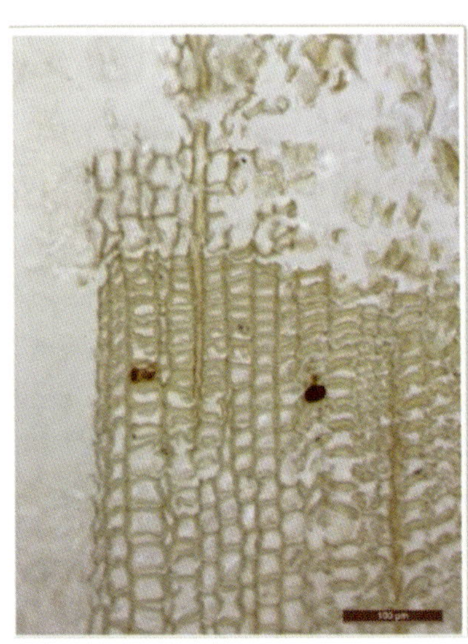

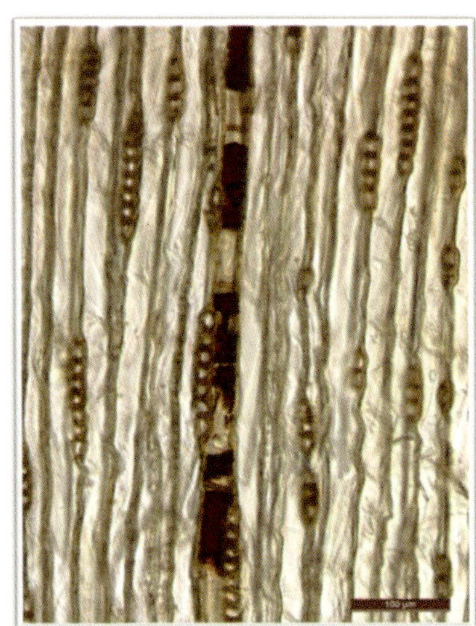

5.2.9—1 木材样品横切面及弦切面(200X)

5.2.9—2 木材样品径切面（400X）

5.3 小结

1. 经过 X 射线荧光能谱仪检测发现，墙皮主要组成元素为 Ca、S 元素，少量 Si、K、Fe、Al 元素，所用砖的主要元素为 Si、Fe、Al、S、Ca、K，少量 Ti，Mg，Mn。左侧墙下部灰色修补位置含有较多 Cl 元素，存在盐碱隐患。

2. 选取不同位置进行显微形貌观察和测量，主要裂缝宽度在 500—900 μm 之间，表面污染较多，初步推测主要为之前白灰覆盖、贴大字报以及灰尘沉积所致。

3. 色度检测选取左侧、中部、右侧的字进行记录，每点三次，整体颜色偏黄。

4. 背散射成像结果显示整体内部结构较好，内部砖没有明显裂缝，但是在原来切割位置，右侧切割处从下数第二块砖已经断裂，中部和左侧切割处破损较多，从上数第四排砖的左、中、右部均有一个较小孔洞。

5. 拉曼检测结果显示，左侧和中部所用胶均为环氧树脂，而右侧残留的黄色胶初步检测结果为苯乙烯—马来酸酐共聚物，可能为 SMA 树脂，与左侧和中部并非同一种材料。而墙皮的外位置检测成分均为 $CaCO_3$，砖墙部白灰主要为 $CaCO_3$，含少量石膏，后期修补材料用的白灰为石膏。

6. 离子色谱检测结果显示酥碱位置可溶盐主要为镁离子和硝酸根离子。

7. 红紫外相机拍摄主要发现红外条件下拍摄字迹清晰度变化与可见光条件下相差不大，说明字迹模糊或变浅为物理破坏，墨迹已经脱落或剥离，并非外界污染掩盖导致。

8. 硬度检测结果显示原始的砖硬度较低，可能与烧成工艺和风化有关，木材与外部装饰砖的硬度较高，结构稳定。

9. 根据显微解剖特征，判断该样品属于杉科杉木属杉木。

六 文物保护修复

6.1 保护修复遵循的原则

在修复过程中严格遵守《中华人民共和国文物保护法》《中华人民共和国文物保护法实施条例》《中国文物古迹保护准则》《文物保护工程管理办法》等法律法规，坚持“保护第一、加强管理”的文物工作方针，按照“不改变文物原状”和最小介入、最大兼容的原则，以病害现状和特点为依据，对同一处文物多种病害并存的情况，根据不同病害的表现特征和严重程度，选择适宜的保护程序，依病害轻重程度分步实施。

6.2 保护修复技术路线

按照国家有关规定，“研究应当贯穿在保护工作全过程，所有保护程序都要以研究的成果为依据。”（《中国文物古迹保护准则》第六条）。对文物的保护必须按照既定的程序分步实施。

本次文物的保护具体分为三部分进行：一是原展厅展墙内移出文物，放入修复室；二是文物的修复，包括病害处理、边框处理、背板加固等；三是放入展柜，进行展示调整。

6.3 文物的保护修复

6.3.1 原展厅展墙内移出文物，放入修复室

1991年，省古建研究所文物保护专家将这块墙壁切割搬迁后，进行了修复保护，并做了保护展示框架。2015年，鄂豫皖苏区首府革命博物馆将文物陈列于该馆主展厅内。陈列展示时，为使文物靠近墙壁，将1991年制作的展示架后下部做了改造去除，然后将文物带展示框架封砌在展厅新的展示框架内。

此次鄂豫皖苏区首府革命博物馆进行了展厅的提升改造，重新布展，文物修复后，改换了地方和展示环境。因此，我们需要从原展厅展示框架内拆除出来原始文物，进行修复和配合新的展陈。

具体操作如下图示：

1. 拆除装饰顶棚和玻璃防护罩

拆除装饰顶棚

观测文物背部情况

具体操作如下图示：

1. 拆除装饰顶棚和玻璃防护罩

拆除装饰顶棚

观测文物背部情况

文物背部和墙体连接情况

拆除玻璃防护罩

2. 对文物进行临时清理、加固、回贴

起甲

酥碱

临时加固

临时加固、回帖

3. 继续拆除装饰边框，移出文物

拆除装饰边框

拆除装饰边框

移出文物

4. 对文物进行保护、包装、加固

文物正面包装封护

文物正面包装封护

文物背面包装加固

文物包装加固

5. 对文物进行包装、加固、运输

文物放上起吊底台

金骏马牌
世纪志鸣防水

固定文物和起吊底台（左同）

文物吊运

文物吊运

文物二次吊运

放入修复室

阻燃胶合板

去除加固材料

去除加固材料

放到特制的修复案上

6. 去除文物底部支架和画面保护材料

文物底部支架

去除文物底部支架

去除画面保护材料

6.3.2 文物的修复（病害处理、边框处理、背板加固）

1. 文物的清理、加固、修复、保护

文物的清理：表面清理是壁画修复中风险最大的工作，因为清理是一个不可逆的过程，一旦去除掉，就不可能再恢复，所以必须慎重对待，我们作了多种试剂、方法的清理试验。

清理方法，主要用软毛笔、洗耳球、竹签、脱脂棉、微型打磨机、手术刀、化学试剂等物理、化学的方法清理文物表面的胶污染、白灰污染等。

首先进行局部清理、加固试验，共配制五种药剂，第一种：六偏磷酸钠（6%）；第二种：2A＝无水乙醇:去离子水（1:1）；第三种：去离子水；第四种：丙酮（1.5%）；第五种：丙酮（2.5%），修复保护试验如下图。

文物清理试验

文物清理试验

文物清理、加固试验

试验结果表明，文物表面污染采用6%六偏磷酸钠进行清理后，再1.5%和2.5%的丙酮进行封护固色，试验效果最好。

胶污染、白灰污染、修补老花主要用软毛笔、洗耳球、竹签、脱脂棉、微型打磨机、手术刀等物理方法清理；如果遇见难以处理、已经稳定的，或者处理可能引起文物表面字体脱落危险的污染，比如红色污染，可以暂不处理，如下图。

修补老化变色处清理、协色：

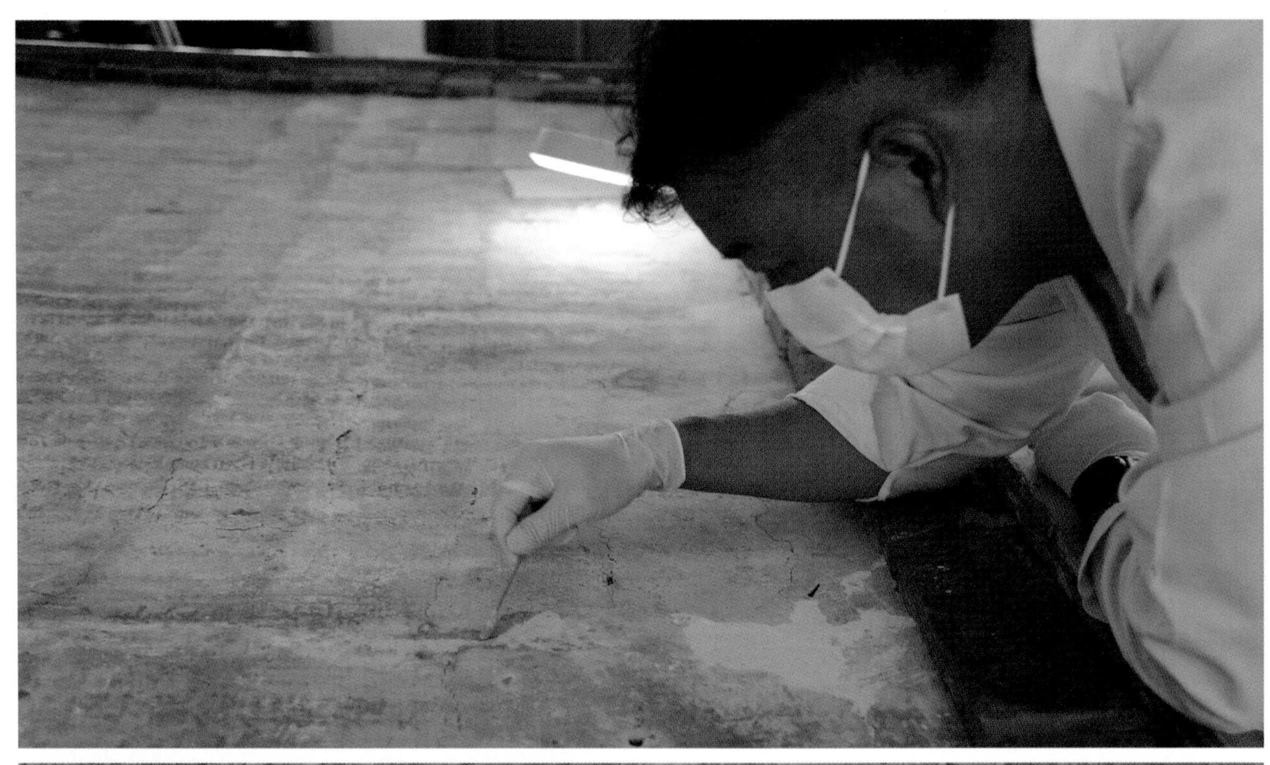

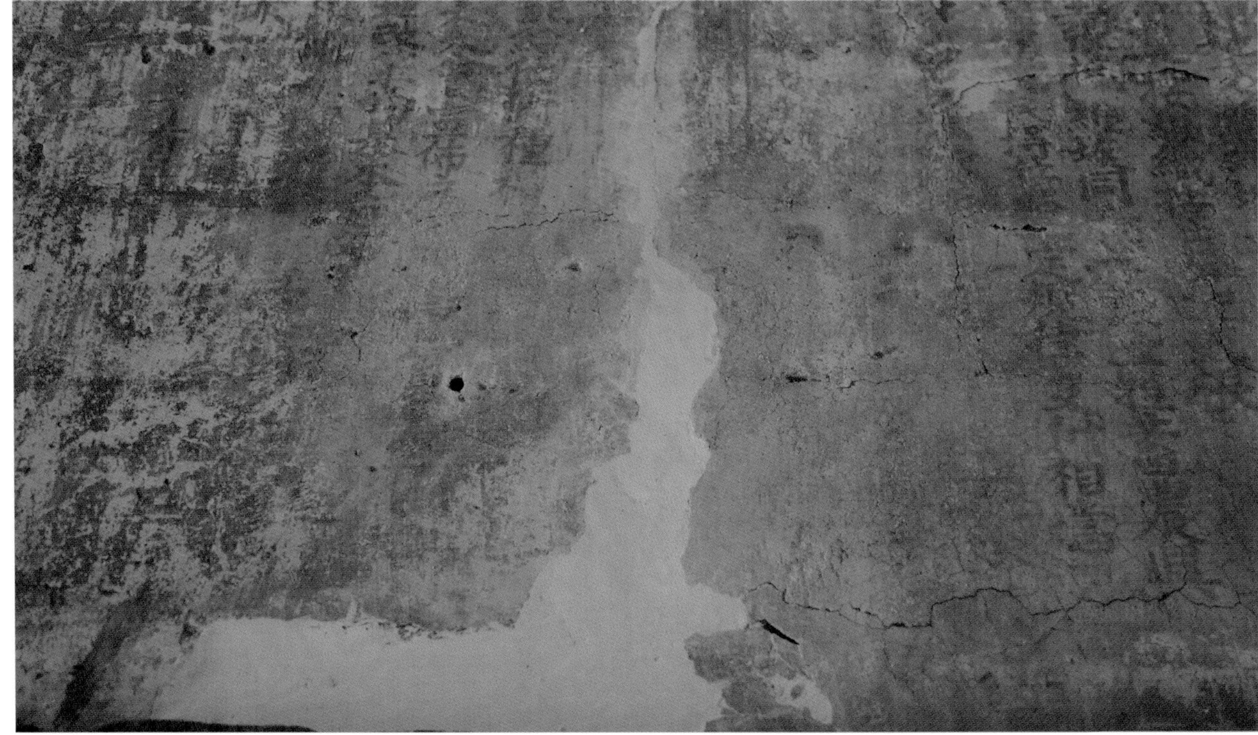

修补老化变色处清理

修补老化变色处协色试验

污染、覆盖物的清理：

宣纸清理

胶污染清理

污染物的清理

表面污染的清理

修补缝的清理

凸起修补材料的清理

文物的加固：主要指对起甲、空鼓、碎裂、酥碱等活动性的、危及文物安全的病害，进行清理、填补、回贴、加固处理，以保证文物的安全。

配制低浓度（3%—10%）的AC33丙烯酸溶液盛于烧杯内，对文物表面进行颜料、地仗加固；根据需要，可进行第二遍加固，使其强度增加。

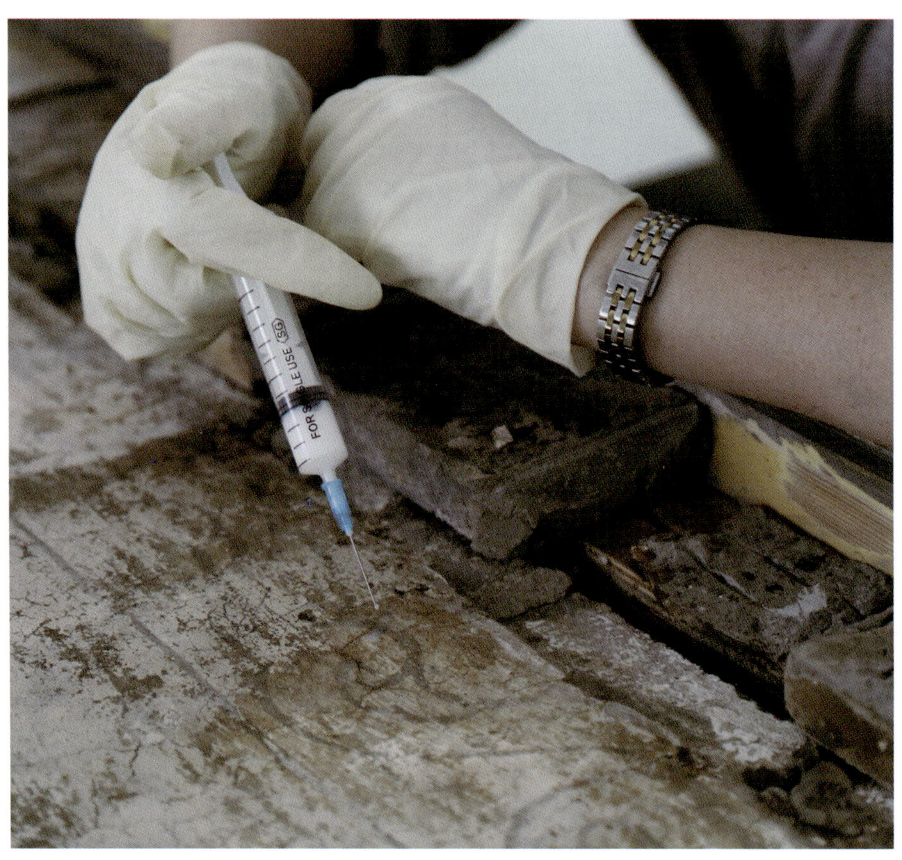

颜料、地仗加固

地仗加固

空鼓加固

表面填补修复：主要指裂缝、地仗脱落的地方，以相近的材料进行填补修复，以增加文物本体的稳定性。

经试验后采用水硬石灰 + 去离子水和制而成的材料作为表面细小裂缝的修复填补材料；以石灰（加适量麻刀）:沙子:石粉填料:黄色填料:30%AC33液 =3:1:0.8:0.2:适量调制而成的砂浆作为文物中间和周边缺失处表面的填补材料。填补前，对文物周边先用2A(无水乙醇:去离子水 =1:1)进行润湿，再用10%AC33渗透，之后进行填补。缺失处填补，则需压实、压平整，周围结合处处理细腻一点，以和周围壁画面相一致、协调。

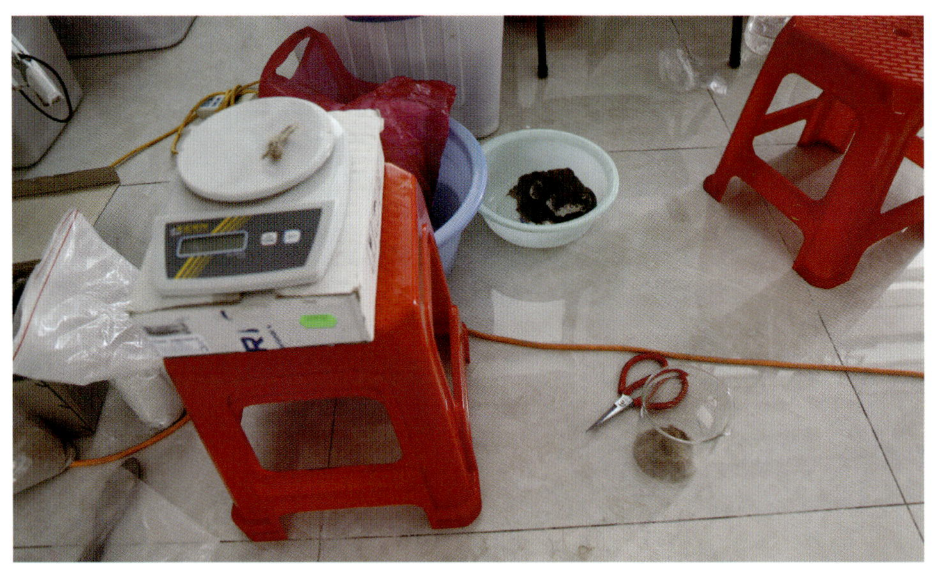

和制修复材料

修复材料试验

细小裂缝的填补

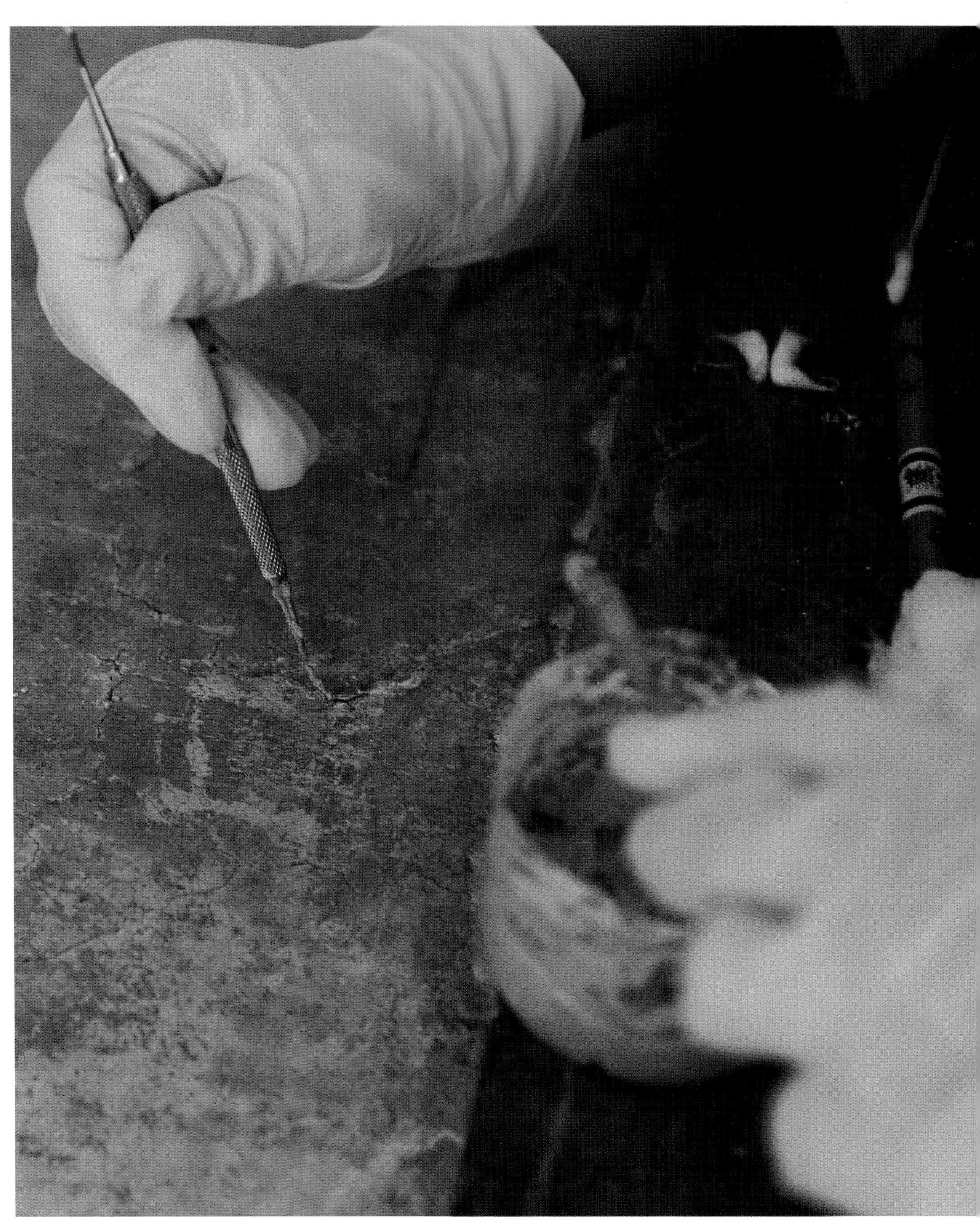

细小裂缝的填补

裂隙、地仗脱落的表面填补

裂隙的表面填补

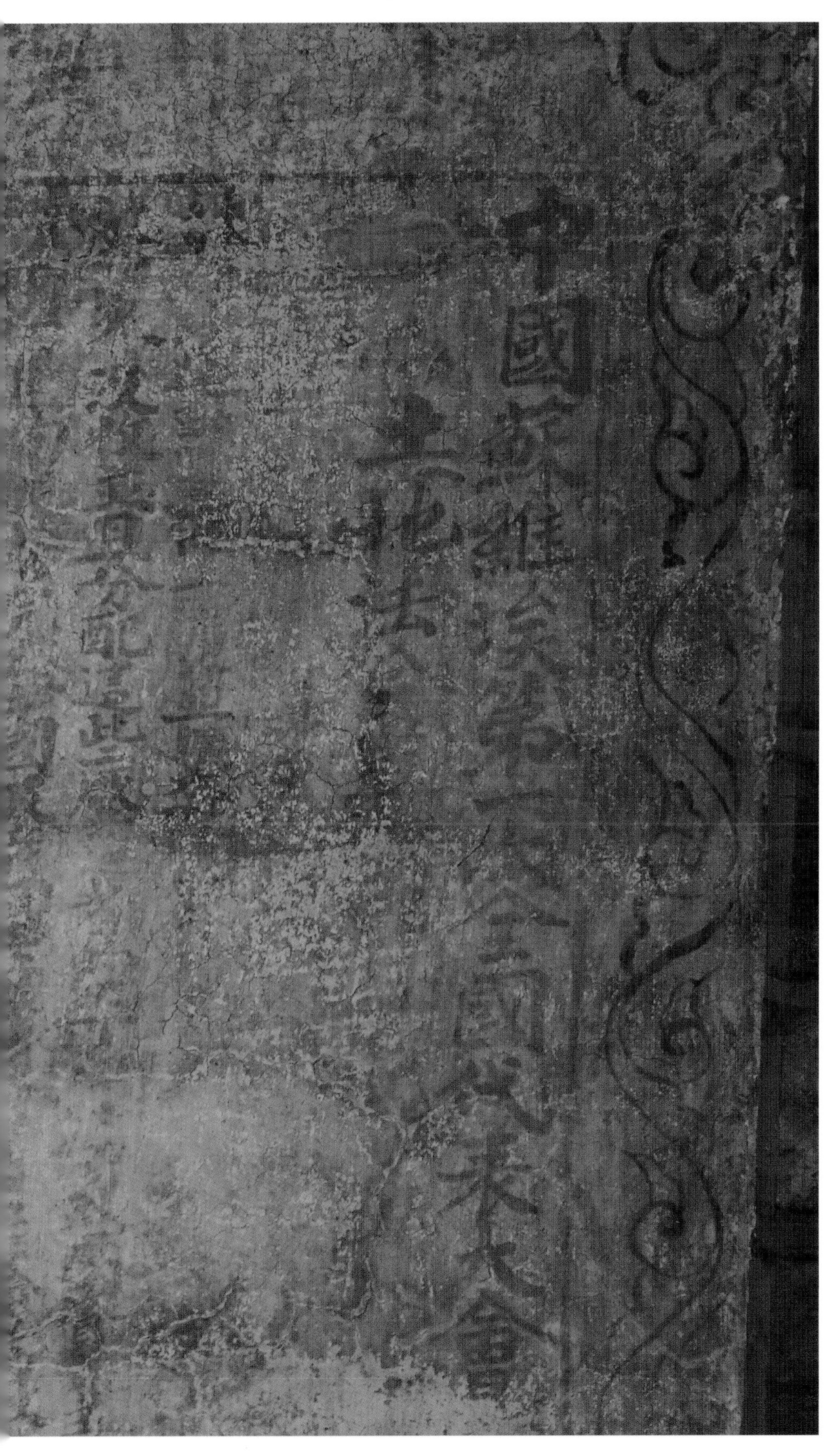

墨书的封护加固：根据试验结果，使用1.5%和2.5%的丙酮对墨书进行两次封护固色。

墨书的封护加固

文物表面的整体协调、协色：主要指对当年修复时的拼接缝处老化、变色的地方，进行协调修复处理。个别修复填补处文字缺失的地方，可根据现有材料进行适当补写；文物周边表面材料填补处，做旧色处理，以使整个文物修复后，更加协调、自然、稳定。

填补处协色

填补处协色、协调

2. 文物装饰边砖的清理、替换和加固

2015 年进行文物陈展时，在文物的四周，粘贴了一圈薄砖作为装饰，鉴于这种装饰边砖与整个文物原始环境协调一致，且当时用环氧胶粘贴的比较牢固，特别是上下的大砖，强行去除可能对文物安全有害，因此决定保留这种装饰。

但是，装饰砖存在四个问题，一是两侧小块边砖颜色不一，有红、灰、深灰等颜色；二是砖大小不一，不太整齐；三是上部边砖的第一层是陈展时塞进的活动性的小碎砖，与下面第二层大砖不协调；四是部分装饰边砖有裂纹，因此需要进行小块边砖的清理、替换和大块边砖的填补、加固，做法如下图。

文物装饰边砖原状：

装饰边砖粘贴前

装饰边砖粘贴后

上部第一层活动性边砖

小块边砖的清理、替换：

去除、替换两侧小块边砖

去除粘贴的环氧胶

挑选、磨制拆除的装饰砖替换两侧小块边砖

装饰边砖的更换、加固

使用文物表面修复材料，对装饰边砖进行周边加固

大块边砖的填补、加固：主要是对上部第一层活动边砖进行替换、加固，并采用胶液和砖灰对大块边砖进行裂隙修补、加固和整体协色。

上部第一层活动性边砖的替换、加固

上部第一层活动边砖的替换、加固

采用胶液和砖灰对大块边砖进行裂隙修补、加固、协色

装饰边砖的清理、替换和加固效果

3. 文物边框的加固、协色

从支撑板实际情况和前期调查、检测情况来看，文物边框和背部支撑木板整体完整，强度较高，变化不大，且和文物青砖墙体粘结较为牢固，如果强行去除，可能对文物及表面文字造成较大损坏，因此保留原边框和支撑体，只进行清理和加固处理。

经考虑，决定使用拆掉的原修复用底部支架木头作为材料，组合定制成新的底座，其原因有三：一是该木头当时进行了熏蒸，不易发霉、虫蛀；二是经过31年时间，我们发现其变形率很小，且与原始边框材料一致，变形率一致；三是该组件是由多根横木拼接成长底座，比完整独木更为牢固。

下部加固横木上移

切除多余的支撑背板

原修复用底部支架木头

定制横木底座

定制横木底座

粘贴固定横木底座

底座安装、打磨

边框协色，打磨掉原框黄色漆

边框协色，制作和现展陈环境协调的砖灰色

4. 文物背部支撑木板的清理、加固

结合前期调查、检测分析和现场实际情况来看，背部支撑木板整体完整，强度较高，变化不大，且和文物青砖墙体粘结较为牢固，虽然杉木易变形，但中间青砖支撑体较厚，不易变形，对文物表面影响不是特别大，如果强行去除，可能对文物及表面文字造成较大损坏，因此决定不再去除。但为了文物更加安全、稳定，决定使用轻型材料碳纤维布进行进一步加固。

加固前，首先在文物背面用 2A（无水乙醇:去离子水 =1:1）做湿润剂，机械方法清理尘土、污物等。

背部支撑板清理

背部横撑的加固

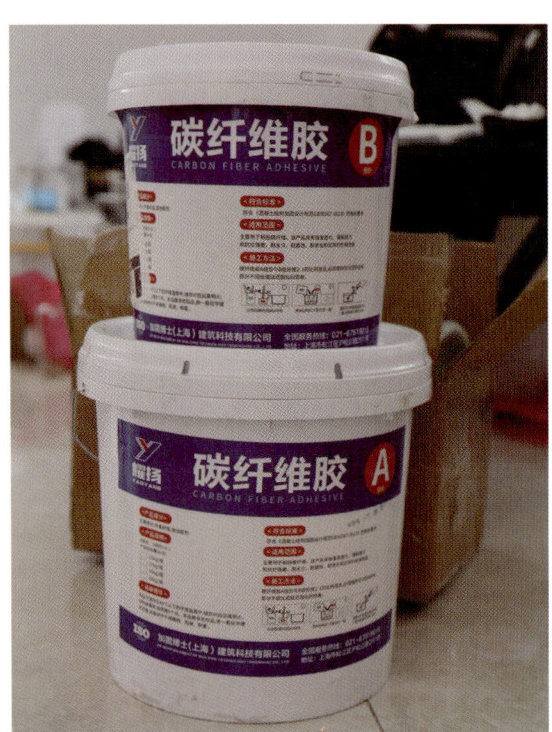

支撑体加固材料

模拟实验

支撑体加固

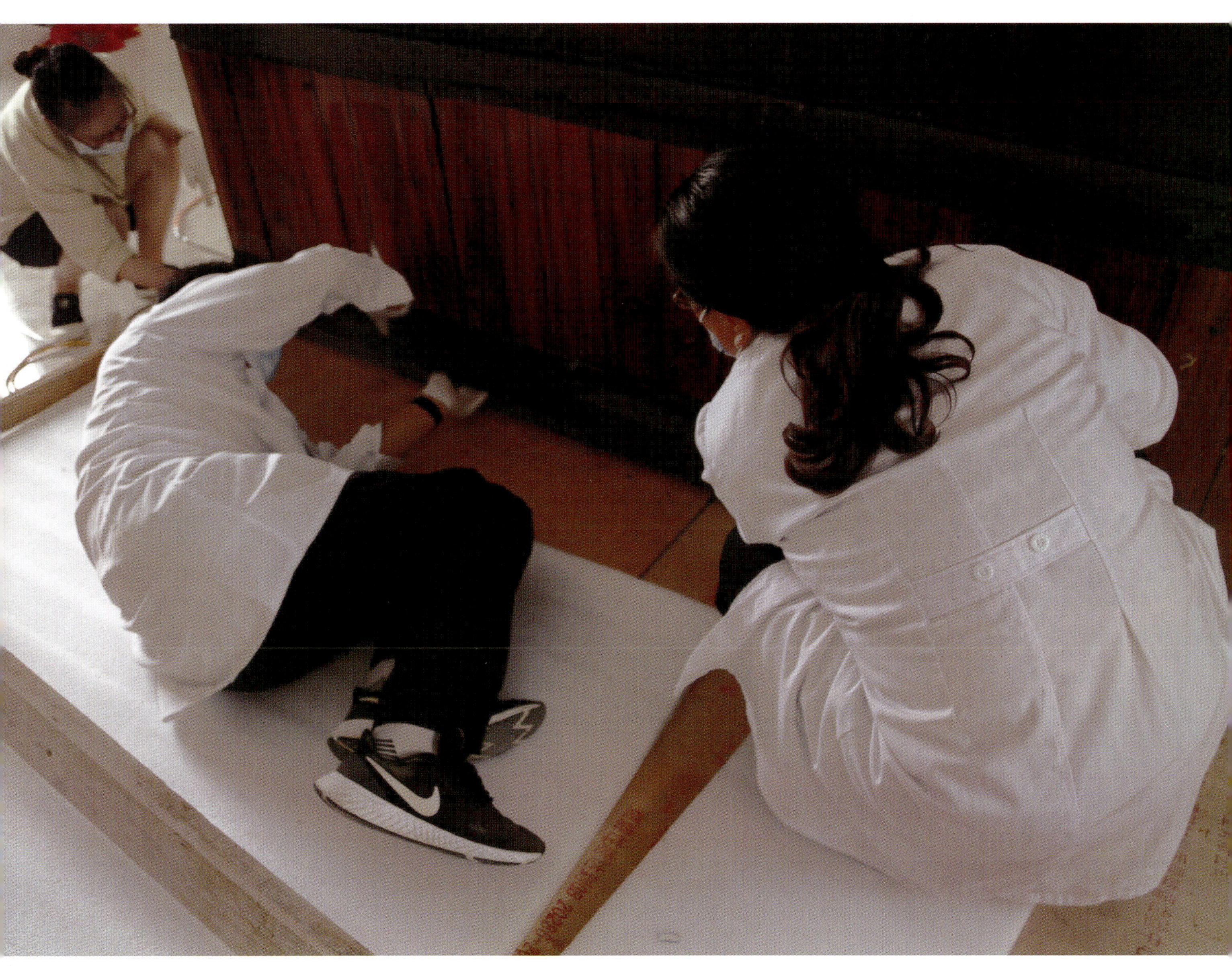

支撑体加固

支撑体加固

6.3.3 放入展柜，进行展示调整

定制恒温恒湿文物存放展示柜，对保存该文物的微环境进行有效控制，改善保存环境，使文物保存在一个相对稳定、良好的环境中。

展柜标准：

1. 框架结构采用不低于2.5mm厚度的冷拔方钢管和不低于1.5mm厚度的冷轧钢板做框架结构，做除锈处理，以保证文物安全。

2. 博物馆专用文物展柜，展柜玻璃采用6+6进口低反射夹胶玻璃，增加文物安全性的同时提高文物的展示效果。

3. 增加温湿度控制设备，保持温度在20±2℃，湿度在50%±5%范围内。设备与中控室链接，实时监测展柜内温湿度情况，加强对文物的全面保护。

4. 柜内照明系统，采用符合国家标准的专用LED重点照明以及日光灯漫光照明。所用灯具及光源稳定性、安全性、散热性良好、不产生有害紫外光线，照度应控制在≤200lux，并合理控制展厅环境的照明水平。

5. 展柜设安防系统，与中控室链接，提高文物保护安全系数。

6. 增加展柜内有害气体监测设备，提高空气质量。

文物包装、加固，放入展柜：

文物的包装、固定（背部）

文物的包装、固定（正面）

文物运输

放入展柜

放入展柜

后期文物、灯光、展柜的调整、调试：

光线调整

文物现场整体协调

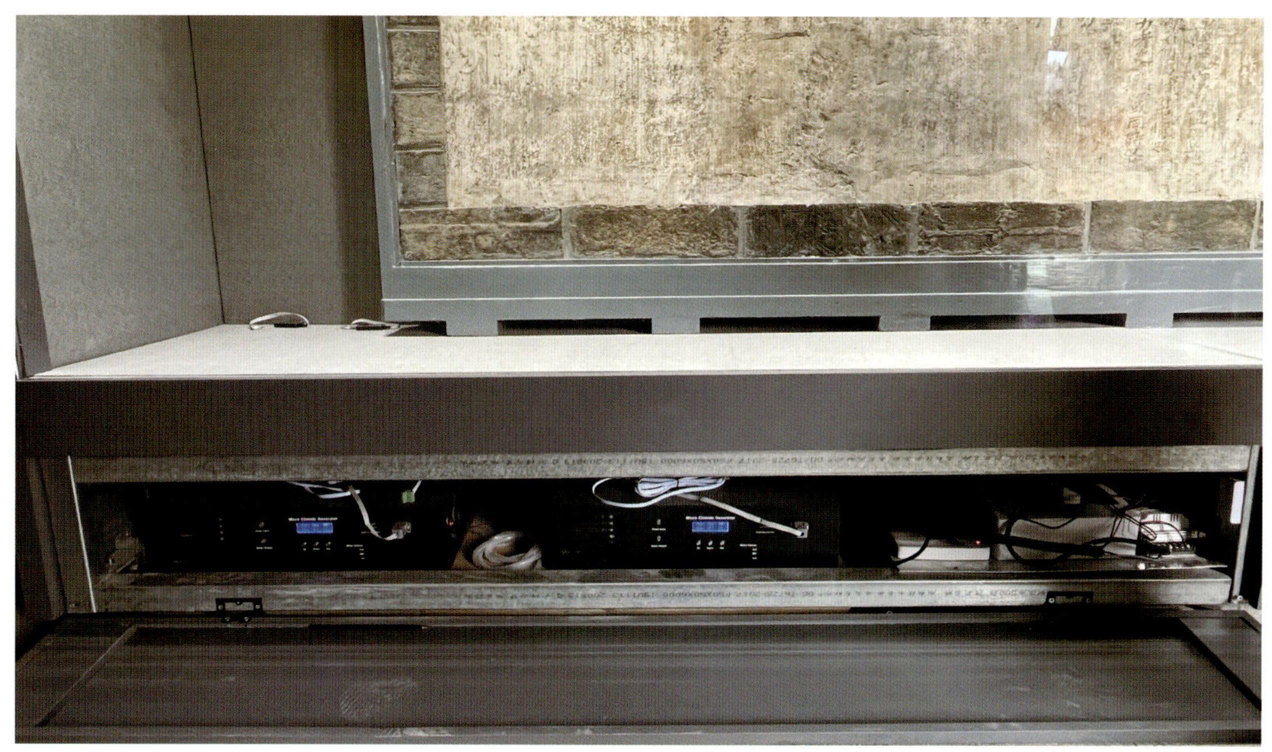

温湿度、安防设施

温湿度、安防设施调试

修复保护完成，展示效果

七 文物修复效果

历时一个多月的保护修复，最大限度地保留了文物的历史和原始信息，修复前后对比明显，效果较好。

修复前

修复后

修复前

修复后

文物展示效果

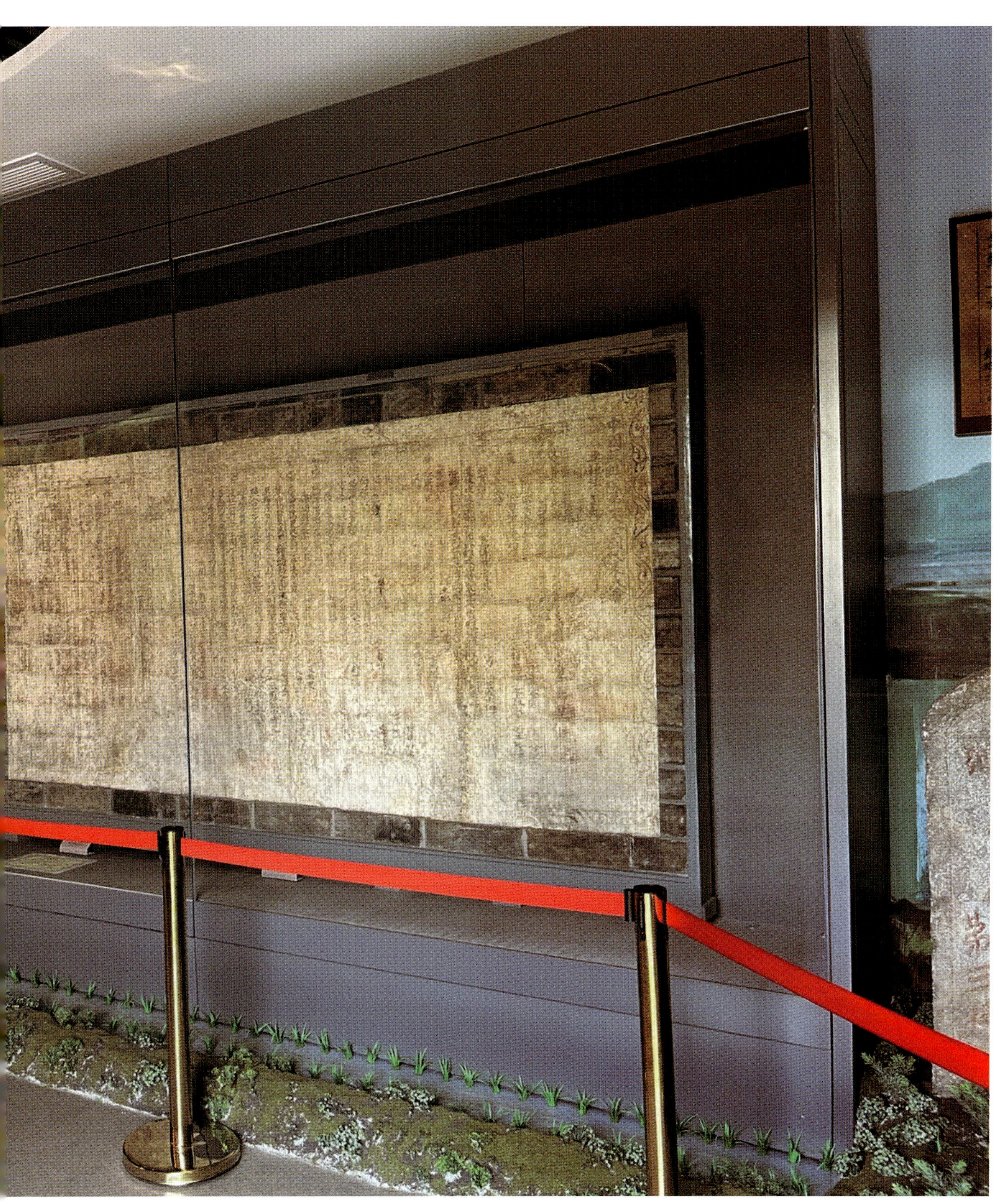

八 预防性保护建议

为使1932年书写在青砖墙上的《中国苏维埃第一次全国代表大会土地法令草案》这一珍贵的文化遗产流传永续，真实、全面地保存并延续其历史信息及全部价值，在保护干预的基础之上进行良好的日常保护，对于文物的保存也是非常重要的。

因此要加强文物日常监测系统的建立，定期对文物变化状态调查，登记造册，发现问题及时上报处理。